くだらない日常も
ネイティブみたい

JN049204

細かすぎる
英会話 フレーズ

Kay
&
ZooKatsu

KADOKAWA

本書を買っていただきありがとうございます!
Kayです。11歳までアメリカに住んでた英語ネイティブです。

ZooKatsuです。純日本人です。
Kayとともに、アメリカと日本の違いをSNSで楽しく発信しています。

早速だけど、Kayはアメリカから日本に引っ越したとき、辛いこと無かったの?

ある〜〜〜〜〜

日本に引っ越した当時は日本のことをめちゃくちゃわかってると思ってた。日本語もバッチリ話せるし、余裕って!

親も日本人だし、日本人学校通ってたし、親戚もみんな日本人だし、日本のお祝い事もいっぱいやってたし。

でも、全然ダメだった。

日本で超浮いてた。
アメリカでも家では日本語を話してたけど、クラスメートが使ってる細かいニュアンスがわかんないから、自分の身の回りすべてが日本語になると、すぐ脳みそキャパオーバーになった。

みんなの中での流行りや流行ってる言葉が全然わからなくて、それを知らないと「こんなに苦労するのか…」って思うくらい辛い思いをした。

小学校のときも辛すぎてアメリカに一回旅行で行くことになったんだけど、それが小6の夏休み受験期真っ只中。

そこで行かないとやばいってくらい精神的にきてたってことだよね?

So! 親も「このままだとまずい」と思って連れてってくれた。
当時は「このまま私、日本に馴染めないのかな…」って思ったし、あと自分の何が間違ってるのかもわからなかった。

みんなの中では当たり前すぎて「なんでできない
の?」って感じだから、そもそも何が間違ってるか
言ってくれない。
「なんで怒ってるんだろう?」「なんでわかってくれ
ないんだろう?」って不思議だった。

今ではもちろんわかるよね(笑)。
正直そのときの精神状態で日本のことって好きにな
れた?

ちょっと嫌いだった。
「自分のことを受け入れてくれないんだこの国は
…」って感じで。
でも、オーストラリア留学に行って、**どっちの国に
も良い悪いがあること、細かいことに自分
は気づけてなかったって思えて、目が覚
めた。**

それまで「アメリカのほうが良い!」っ
て思ってたけど、別の国に行ったらアメ
リカだけが良いとかではなくて、現
地では日本のことを良く思ってくれて
る人もたくさんいた。

そこでいろんなことに視野を広げることができるよう
になったんだね!

私が日本に来てすごく大変な思いをした経験を、逆に海外でしてる日本人も多かった。細かいニュアンスがわからなかったり、友達がうまくできないとか、そういう話をたくさん聞いた。

日本に来て大変な思いをしてる人、日本から海外に行って大変な思いをしてる人、そういう人たちが1人でも減るようにSNSで発信してます。

とくに私は日本とアメリカの情報をよく知っている。
そこで今回は「英語の細かいニュアンスがわかる」ための本を書きました。

 Kayのこだわりが詰まった1冊だね。特に面白さにはこだわったね。

面白くないと覚えられないし続かない。
自分がそういうタイプだから（笑）。

  これまでの私たちの失敗談とか笑い話も含めて文を作りました！楽しみながら読んでください！

本書の特長

1 細かすぎる!

「映画館で間違えて隣の人のポップコーンを食べちゃった。」みたいな、日常生活でありそうな細かい場面をたくさん用意! 英語で言うのが難しそうな文を練習できるよ。

----

2 面白い!

楽しく読んでほしいから、「先生を間違って「お母さん!」と呼んでしまった。」みたいな、クスっと笑える文がいっぱい。日本語だけ読んでも良いです(笑)。

----

3 学校で習わなさそう!

sleep in「寝坊する」やslack off「サボる」みたいな、日本人があまり知らなそうだけど、アメリカ人が日常でよく使う表現がたくさん。学校のテストでは使えないかも(笑)。

----

4 話し言葉!

教科書や書き言葉じゃなくて、ネイティブが会話で使う英語に。また、ニュアンスを第一に伝えたかったので、日本語も皆さんが普段話しているときに使うような意訳に。

----

5 便利なミニフレーズ!

文の中から、とくに他の場面でも使えそうな便利な表現をピックアップしているよ。自然に覚えられるように、繰り返し登場するミニフレーズもあるよ。

音声を聞く方法

英語のみと英語+日本語の2つの音声を用意しております!

🔊)) 1 ← 音声番号は英語のみ・英語+日本語で同じです。

1 パソコンで音声データをダウンロードする場合

下記のURLへアクセスいただくと、データを無料ダウンロードできます。「ダウンロードはこちら」という一文をクリックして、ユーザー名とパスワードをご入力のうえダウンロードし、ご利用ください。

https://www.kadokawa.co.jp/product/322306001025/

ユーザー名 koma_800	パスワード phrase_800

※英語のみ・英語+日本語、どちらもユーザー名とパスワードは同じです。

【注意事項】
● ダウンロードはパソコンからのみとなります。携帯電話・スマートフォンからのダウンロードはできません。
● 音声はmp3形式で保存されています。お聞きいただくには、mp3で再生できる環境が必要です。
● ダウンロードページへのアクセスがうまくいかない場合は、お使いのブラウザが最新であるかどうかご確認ください。また、ダウンロードする前に、パソコンに十分な空き容量があることをご確認ください。
● フォルダは圧縮されていますので、解凍したうえでご利用ください。
● 本ダウンロードデータを私的使用範囲外で複製、または第三者に譲渡・販売・再配布する行為は固く禁止されております。
● なお、本サービスは予告なく終了する場合がございます。あらかじめご了承ください。

2 スマートフォンで音声を聞く場合

ご利用の場合は、QR コードまたは URLより、スマートフォンにabceedのアプリ(無料)をダウンロードし、本書を検索してください。

https://www.abceed.com/

*abceed は株式会社 Globee のサービスです(2024年3月時点)。

Contents

描いてもらった
クマが可愛くて
クマになりました！

ゾウが好きだから
ゾウを描いて
もらいました！

第 1 章

暮らす — 10

第 2 章

食べる — 52

第 3 章

出かける — 84

第 1 章

暮らす

Sleeping

－ 就寝 －

今日せっかく早く起きたのに、
時間ギリギリまでベッドで携帯を見てしまった。

Even though I woke up early today, I stayed in bed
looking at my phone until the last minute.

ミニフレーズ

stay in bed
「ベッドから出ない」

今朝はベッドから出ることを達成したから大満足。

I have accomplished the task of getting out of bed this
morning. So I'm super happy with myself.

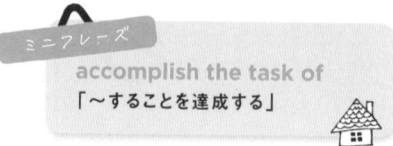

ミニフレーズ

accomplish the task of
「～することを達成する」

彼女が朝ご飯を作る予定だったけど寝坊してた。

She was supposed to make breakfast today but she slept
in.

ミニフレーズ

sleep in
「寝坊する」

お昼過ぎてるのにまだ寝てるの!?
今日友達に会うのかと思ってた。

It's past noon and you're still asleep!?
I thought you were going to see your friends today.

ミニフレーズ
past noon
「お昼過ぎ」

昼寝してたら夜になっててびっくりした。

I was surprised when it was already night when I woke up from my nap.

ミニフレーズ
nap
「昼寝」

早起きには慣れた?

Have you gotten used to waking up so early?

ミニフレーズ
get used to
「〜に慣れる」

祝日なのに目覚ましが鳴って起きてしまった。

Even though it was a national holiday, I woke up when my alarm went off.

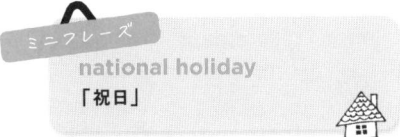

ミニフレーズ
national holiday
「祝日」

第1章 — 暮らす

第2章 — 食べる

第3章 — 出かける

第4章 — しゃべる

第5章 — 学ぶ働く

第6章 — あそぶ

夜寝る前にコーヒーを飲んでよく眠れなかった。

I drank coffee before going to bed, and I couldn't sleep well that night.

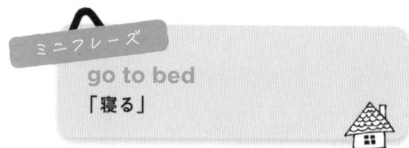

> ミニフレーズ
> **go to bed**
> 「寝る」

寝るときはイビキかく？
イビキ聞こえたんだけど誰かわからなかった。

Do you snore when you sleep?
I heard snoring, but I couldn't tell who it was.

> ミニフレーズ
> **snore**
> 「いびきをかく」

寝ぼけてるときにメガネを踏んで割ってしまった。

I stepped on and broke my glasses when I wasn't fully awake.

> ミニフレーズ
> **step on**
> 「～を踏む」

今日は朝早く起きて色々終わったから
お昼寝の時間だ！

I woke up really early and got a lot of things done. So it's time to take a nap!

> ミニフレーズ
> **it's time to**
> 「～する時間だ」

長い昼寝をして気分は良くなった？

Do you feel better now after taking a long nap?

ミニフレーズ
feel better
「気分が良くなる」

いらぬ心配をして寝不足になって次の日すごく疲れる。

I can't get enough sleep worrying about unnecessary things, and end up really tired the next day.

ミニフレーズ
don't get enough sleep
「寝不足である」

夫の寝言が面白すぎて寝れない。

My husband's sleep talking is so funny I can't sleep.

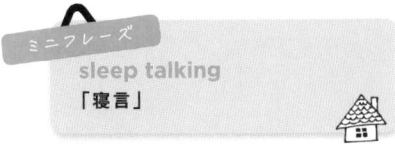

ミニフレーズ
sleep talking
「寝言」

北枕は良くないと聞くけど、ぐっすり眠れるのでそうしてる。

They say facing your pillow to the north is bad luck, but I get better sleep so I do it anyway.

ミニフレーズ
bad luck
「運が悪い」

第1章 — 暮らす
第2章 — 食べる
第3章 — 出かける
第4章 — しゃべる
第5章 — 学ぶ・働く
第6章 — あそぶ

Getting Ready

－ 身支度 －

新しい靴って、試着したときは平気だったのに、
いざ履くといつも足が痛くなる。

New shoes always hurt.
Even shoes that fit nicely when you try them on.

ミニフレーズ
try on
「〜を試着する」

この靴下私のじゃないんだけど、どっからきた？

These socks aren't mine. Where did they come from?

ミニフレーズ
come from
「〜からくる」

そのズボンはちょっときつい。

Those pants are a bit too tight for me.

ミニフレーズ
a bit too tight
「ちょっときつすぎる」

チャックの引き手が壊れて、ジャケットを着られない。

The handle on my zipper broke, and I can't wear my jacket.

ミニフレーズ

can't wear
「〜を着られない」

どんどん寒くなってきているが彼氏は半袖半ズボンのままだ。

It is getting colder, but my boyfriend still wears T-shirts and shorts.

ミニフレーズ

T-shirt and shorts
「半袖半ズボン」

なんで足が痛くなる靴を履き続けるの？

Why do you keep wearing shoes that hurt your feet?

ミニフレーズ

hurt 〜 feet
「〜の足を痛める」

靴下の片方が洗濯機の中で行方不明になった。

One sock disappeared in the washing machine.

ミニフレーズ

disappear
「消える、行方不明になる」

第1章 暮らす

第2章 食べる

第3章 出かける

第4章 しゃべる

第5章 学ぶ・働く

第6章 あそぶ

今日買った新しいドレスを見て欲しいの。

I want to show you my new dress that I bought today.

ミニフレーズ

show you
「あなたに〜を見せる」

私がドレスを直してあげたら新品みたいになったよ。

I fixed your dress and it's as good as new.

ミニフレーズ

as good as new
「新品同様」

クローゼットの中を見たら
同じ色の服ばかりだった。

When I looked in my closet, all of my clothes were the same color.

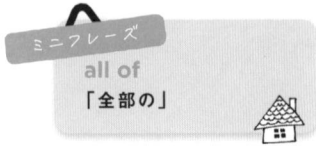

ミニフレーズ

all of
「全部の」

推しとお揃いの服を買って自己満に浸る。

I feel satisfied buying the same clothes as my bias.

ミニフレーズ

feel satisfied
「満足する」

当たり前だけど今夜はこっちのスーツを
パーティーに着たほうが良い。

Obviously you should wear this suit tonight to the party.

ミニフレーズ
obviously
「当たり前だが、明らかに」

服装が派手すぎて恥ずかしい。今すぐ帰りたい。

My clothes are too flashy and I feel embarrassed.
I wish I could go home now.

ミニフレーズ
flashy
「派手な」

会社で私の靴下が合っていないことに同僚が気づき、
みんなに言いふらしていた。

My coworker noticed that my socks didn't match at work,
and he told everybody.

ミニフレーズ
match
「合う」

新しく買った靴が片方しか箱に入ってないけど、
もう片方どこいった？

I bought new shoes, but there was only one in the box.
Where is the other one?

ミニフレーズ
the other one
「もう片方」

第1章 — 暮らす
第2章 — 食べる
第3章 — 出かける
第4章 — しゃべる
第5章 — 学ぶ・働く
第6章 — あそぶ

Bathroom

－ トイレ・入浴 －

トイレの中でトイレットペーパーが切れていることに気づく。

I was in the bathroom when I noticed there wasn't any toilet paper.

ミニフレーズ
when I noticed
「〜に気づいたとき」

ちょっと待って、トイレ行ってくる。

Wait a minute, I have to go to the bathroom.

ミニフレーズ
wait a minute
「ちょっと待って」

トイレから出てくるとき手洗った？

Did you wash your hands when you came out of the bathroom?

ミニフレーズ
wash hands
「手を洗う」

トイレの鍵を閉め忘れ、知らない人と目が合ってしまった。

I forgot to lock the bathroom door and met eyes with someone.

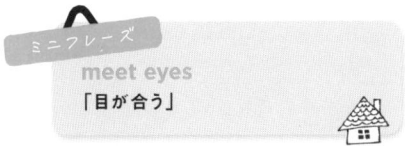

ミニフレーズ
meet eyes
「目が合う」

さっきの人はそこにトイレがあるって言ってたのに。

That person said that the bathroom was right there.

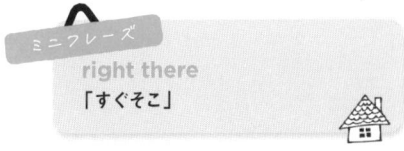

ミニフレーズ
right there
「すぐそこ」

今はトイレに行く程もよおしてないが、
今トイレに行かなかったら後で後悔するのだろうか。

I wonder if I will regret later not going to the bathroom, because I don't need to go now.

ミニフレーズ
I wonder if
「〜だろうか」

残念なことにトイレの個室は全部使用中だった。

Unfortunately all the toilet stalls were full.

ミニフレーズ
unfortunately
「残念なことに」

第1章 暮らす

第2章 食べる

第3章 出かける

第4章 しゃべる

第5章 学ぶ働く

第6章 あそぶ

友達の家でトイレを詰まらせてしまった。

I clogged the toilet in my friend's house.

ミニフレーズ

clog
「〜を詰まらせる」

めっちゃお風呂に入りたくなくても、
いざ入るとスッキリして幸せな気持ちになる。

Even when you really don't want to take a bath, you feel
refreshed and happy once you do.

ミニフレーズ

once
「いざ〜」

シャワー中無意識すぎて、髪の毛洗ったかわからなくなった。

I wasn't paying attention while showering, and now I'm
not sure if I washed my hair or not.

ミニフレーズ

I'm not sure
「わからない、確信が持てない」

ボディソープをシャンプーと間違えた。

I mistook body soap for shampoo.

ミニフレーズ

mistake A for B
「A を B と取り違える」

Housework

— 家事 —

「男性が家事をするのは当たり前だ」と旦那に言われて
キュンとした。

My heart fluttered when my husband said, "Of course
men should do housework."

ミニフレーズ
do housework
「家事をする」

それは家事をするのに実用的な方法だね。

That is such a practical way to do chores.

ミニフレーズ
way to
「〜する方法」

どうしても見たいドラマがあったから家事を全部終わらせた。

I finished up all the chores, because there is a show I
want to watch.

ミニフレーズ
finish up
「〜を終わらせる」

第1章 暮らす
第2章 食べる
第3章 出かける
第4章 しゃべる
第5章 学ぶ・働く
第6章 あそぶ

わかった、じゃあ私がお皿洗いをするから、
あなたは掃除機をかけて。

All right, I'll do the dishes so you do
the vacuuming.

ミニフレーズ
do the dishes
「皿洗いをする」

上の棚届かないから取ってくれる？

I can't reach the upper shelf. Can you get that for me?

ミニフレーズ
can't reach
「〜に届かない」

よく覚えてないけど、今夜のお皿洗いはあなたの番よ。

I don't really remember, but I think it's your turn to do
the dishes tonight.

ミニフレーズ
turn to 〜
「〜する番」

ナイスキャッチ。またお皿を割るかと思った。

Nice catch. I thought I was gonna break another plate.

ミニフレーズ
nice catch
「ナイスキャッチ、よく取れたね」

洗い物をするとき、袖をまくっても必ず落ちてくる。

Every time you roll your sleeves up to do the dishes, they fall down.

ミニフレーズ
roll up
「まくる」

洗濯機の中から、イヤホンがポロリと落ちてきた。これ使える？

My earphones fell out of my washing machine.
I wonder if they still work.

ミニフレーズ
fall out of
「〜から落ちる」

洗濯物が生乾きで臭いから最初からやり直さないといけない。

The laundry is still damp and it smells.
Now I have to do it all over again.

ミニフレーズ
do 〜 all over again
「〜を最初からやり直す」

畳んだ洗濯物を子どもたちが荒らして、
やり直すことになった。

My kids messed with the folded laundry, and I had to redo it.

ミニフレーズ
redo
「〜をやり直す」

第1章 暮らす

第2章 食べる

第3章 出かける

第4章 しゃべる

第5章 学ぶ・働く

第6章 あそぶ

洗濯物を取り込まないと。風が強くなってきた。

I need to take in the laundry. It's getting windy outside.

ミニフレーズ
take in the laundry
「洗濯物を取り込む」

窓が開けっぱなしなの気づいてる？

Are you aware that the window is still open?

ミニフレーズ
are you aware
「〜に気づいている？」

変な勧誘電話が来たので、
家事を理由に強制的に電話を切った。

I hung up the phone saying I was busy with housework
since it was a weird cold call.

ミニフレーズ
hang up the phone
「電話を切る」

荷物が届いたとき、インターホンが鳴ったのが聞こえなかった。

I didn't hear the doorbell ring when the package arrived.

ミニフレーズ
doorbell
「インターホン」

Smartphone
－ スマホ －

第1章 暮らす 🏠

第2章 食べる 🍴

第3章 出かける 👟

第4章 しゃべる 💬

第5章 学ぶ・働く ✏️

第6章 あそぶ 🐻

スマホを見ながら寝落ちして、
起きたら自分の顔にスマホが乗っていた。

I fell asleep looking at my phone, and it was on my face when I woke up.

ミニフレーズ
fall asleep -ing
「〜して寝落ちする」

ねえ見てみて、新しいスマホ買ったの。もう壊れたけど。

Check this out.
I got a new phone, but it's already broken.

ミニフレーズ
check this out
「見てみて」

スマホの充電コードがすべて断線して充電できない。

All of the cords for my phone charger broke, and I can't charge my phone.

ミニフレーズ
charge 〜 phone
「携帯を充電する」

ちょっと待って、ここにスマホを置いたと思うんだけど。

Hang on, I thought I put my phone here.

ミニフレーズ

hang on
「ちょっと待って」

なんでスマホ見つけられなかったかわかった。電源切れてた。

Now I know why I couldn't find my phone.
It was turned off.

ミニフレーズ

turn off
「～の電源を切る」

こんなにたくさんの充電器、
どうすれば良いの？

What am I supposed to do with all
these phone chargers?

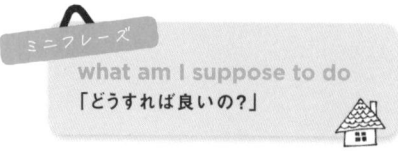

ミニフレーズ

what am I suppose to do
「どうすれば良いの？」

多分私のスマホ壊れてる。買い替えないといけないかも。

I don't think my phone is working, so I might have to get
a new one.

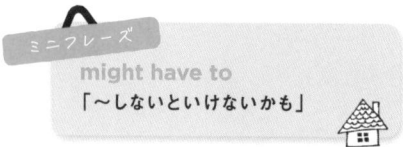

ミニフレーズ

might have to
「～しないといけないかも」

携帯と充電器、どっちが壊れてるかわからない。

I can't tell if my phone is broken or if my charger is broken.

ミニフレーズ

can't tell

「わからない」

携帯を乗っ取られて、連絡先が全部消えた。

Somebody hacked my phone, and all my contacts were erased.

ミニフレーズ

hack

「〜を乗っ取る、ハックする」

私のスマホどっかで見た？

Have you seen my phone anywhere?

ミニフレーズ

have you seen

「〜を見た?」

病院の待ち時間が長すぎて携帯の充電が無くなった。

The waiting time at the hospital was so long that my phone died.

ミニフレーズ

phone died

「携帯の充電が無くなる」

第1章 暮らす

第2章 食べる

第3章 出かける

第4章 しゃべる

第5章 学ぶ働く

第6章 あそぶ

Cleaning

－ 掃除 －

掃除したばかりなのに、どうして髪の毛が大量に落ちてるの？

How come there's hair all over the floor right after I cleaned it?

ミニフレーズ
how come
「なぜ、どうして」

イヤリングを拾うのに机の下で屈まないといけなかった。

I had to **crawl** under the table to get my earring.

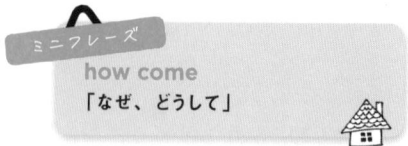

ミニフレーズ
crawl
「屈む」

この大量の箱どうすれば良いの？

What am I going to do with all these boxes？

ミニフレーズ
what am I going to do
「どうすれば良い？」

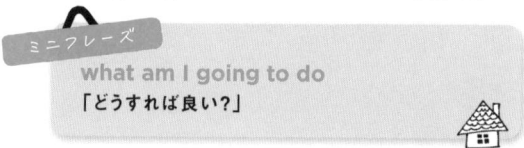

それ、壊されないように片付けておかなきゃだよ。

You need to clear that out of the way so it doesn't get broken.

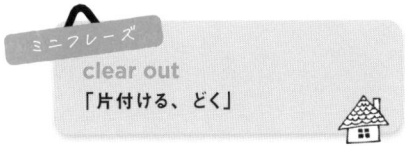

ミニフレーズ
clear out
「片付ける、どく」

どうしたの?! 部屋めっちゃ汚いじゃん。

What's going on?! Your room is so messy.

ミニフレーズ
messy
「散らかっている」

ペンを落としたら転がって、どこに行ったのかわからない。

I dropped my pen, and it rolled away somewhere. Now I can't find it.

ミニフレーズ
roll away
「転がる」

家の掃除ロボがどこにも見つからない。

I can't find our robotic vacuum cleaner anywhere.

ミニフレーズ
can't find 〜 anywhere
「〜がどこにも見つからない」

第1章 暮らす

第2章 食べる

第3章 出かける

第4章 しゃべる

第5章 学ぶ働く

第6章 あそぶ

私が探し物をすると見つからないのに、母が探すとすぐ出てくる。

When I look for something, I can't find it, but when my mom looks for it, it comes out right away.

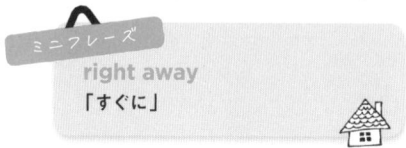

ミニフレーズ
right away
「すぐに」

私の部屋汚すぎる。本当に掃除しないと。

My room is a mess. I really need to clean up.

ミニフレーズ
clean up
「片付ける、掃除する」

眼鏡どこやったっけ？
机の上に置いたはずなんだけど。

What happened to my glasses?
I thought I put them on the table.

ミニフレーズ
what happened
「どうした?」

頻繁に家の掃除をしたくないのが問題なの。

The problem is that I don't like to clean the house often.

ミニフレーズ
the problem is
「問題は〜だ」

Beauty Care
－ 美容 －

第1章 ― 暮らす

第2章 ― 食べる

第3章 ― 出かける

第4章 ― しゃべる

第5章 ― 学ぶ・働く

第6章 ― あそぶ

いい加減にニキビ潰すのやめないと顔がボコボコになっちゃうよ。

You need to cut out popping pimples, or your face will get all bumpy.

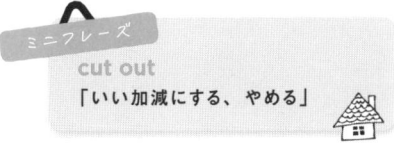

ミニフレーズ
cut out
「いい加減にする、やめる」

くしが髪に引っかかったから髪を切った。

The comb got stuck in my hair, and I had to cut it.

ミニフレーズ
get stuck
「引っかかる」

せっかく髪の毛を巻いたのに、風ですぐに台無しになった。

The hair I curled was ruined instantly because of the wind.

ミニフレーズ
ruin
「～を台無しにする」

湿気で髪の毛がめちゃくちゃになる。

My hair goes wild in the humidity.

ミニフレーズ

go wild
「めちゃくちゃになる」

髪を切りすぎて親にびっくりされた。

My parents were shocked when I cut my hair too short.

ミニフレーズ

be shocked
「ショックを受ける」

前髪を作りたくなって結局後悔する。

I decided to get bangs but ended up regretting it.

ミニフレーズ

ended up -ing
「結局〜する」

髪が肩にあたって跳ねるから、自分で切ったら完全に失敗した。

My hair curled up when it got to my shoulders, so I cut it myself and totally failed.

ミニフレーズ

totally fail
「完全に失敗する」

寝坊してすっぴんで会社に行ったが、誰にも気づかれなかった。

I overslept and went to work without putting on any makeup, but nobody noticed.

ミニフレーズ
put on makeup
「化粧する」

暑すぎて朝した化粧がほぼ落ちてしまった。

It was so hot that most of the makeup I did this morning came off.

ミニフレーズ
most of
「ほとんどが」

せっかくネイルをしたのに、すぐに指で剥がしたくなる。

I have an urge to peel my nails right after I've done them.

ミニフレーズ
have an urge to
「〜したくなる」

お気に入りのコスメが廃版になってショックで寝込んだ。

My favorite cosmetics were discontinued, and I was so shocked I couldn't get out of bed.

ミニフレーズ
get out of
「〜から出る」

第1章 暮らす

第2章 食べる

第3章 出かける

第4章 しゃべる

第5章 学ぶ・働く

第6章 あそぶ

最近彼女の化粧がどんどん濃くなってきて少し怖い。

Her makeup is getting heavier recently and is a bit scary.

ミニフレーズ

scary
「怖い」

唇は1つなのに新しいリップがどんどん欲しくなる。

I know I only have one pair of lips, but I keep wanting new lipstick.

ミニフレーズ

keep wanting
「欲しくなり続ける」

リップクリームを塗ろうとしたら間違えて
のりを塗ってしまった。

I wanted to put on some lip balm, but
I accidentally put glue on instead.

GLUE...

ミニフレーズ

put on
「〜をつける」

毛抜きが楽しくてやめられない。

Plucking my hair is so fun that I can't stop.

ミニフレーズ

can't stop
「やめられない」

8

Health

－ 健康 －

ほら、健康のためにももっと運動しないと。
1か月も家から出てないよ。

Come on, you need more exercise for your health.
You haven't left the house for a month.

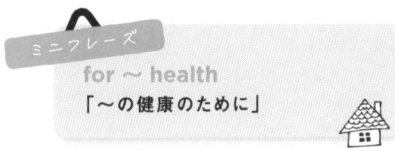

ミニフレーズ
for ~ health
「〜の健康のために」

今日からはもっと自分の健康に気をつける。

Starting today I will be more careful about my health.

ミニフレーズ
starting today
「今日からは」

辛いものを食べすぎて体調が日に日に悪くなるが、やめられない。

My health is getting worse day by day because I eat too much spicy food, but I can't stop.

ミニフレーズ
get worse
「悪くなる」

第1章 — 暮らす

第2章 — 食べる

第3章 — 出かける

第4章 — しゃべる

第5章 — 学ぶ・働く

第6章 — あそぶ

整腸剤を飲みすぎて便秘になった。

I took too many probiotics and got constipated.

ミニフレーズ

take too many
「〜を取りすぎる」

クーラーが効きすぎてお腹を壊した。

I had an upset stomach because the AC was too strong.

ミニフレーズ

have an upset stomach
「お腹を壊す」

無理しないでねと言われたのに、張り切ったら体調を崩した。

I got sick after working myself up, even though I was told to take it easy.

ミニフレーズ

take it easy
「無理しない」

牛乳の賞味期限が切れててお腹を壊した。

I got a stomachache from drinking milk that was past the expiration date.

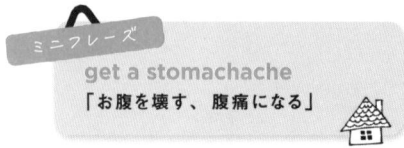

ミニフレーズ

get a stomachache
「お腹を壊す、腹痛になる」

お腹が痛くて急いで家に帰ったが、
家の鍵を忘れてしまったことに気づいた。

I hurried home because I had a stomachache and noticed
I forgot the keys.

ミニフレーズ
hurry home
「急いで家に帰る」

かんでもかんでも鼻水がとまらない。

I have a runny nose no matter how many times I blow it.

ミニフレーズ
have a runny nose
「鼻水が出る」

アメリカの病院で痛みを伝えたいが、
英語は擬音語が少なくて伝えられなかった。

There aren't many onomatopoeia words in English, so I
couldn't explain how much I was hurting at the hospital
in the US.

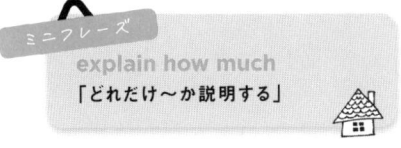

ミニフレーズ
explain how much
「どれだけ〜か説明する」

かわいそうに。彼女は骨折してインフルにもなった。

Poor thing. She broke her leg and got the flu.

ミニフレーズ
poor thing
「かわいそうに」

第1章 暮らす

第2章 食べる

第3章 出かける

第4章 しゃべる

第5章 学ぶ 働く

第6章 あそぶ

口内炎ができて辛いものを食べると痛いけど、
我慢して最後まで食べた。

I had a mouth sore and it hurt to eat spicy food, but I
finished it anyway.

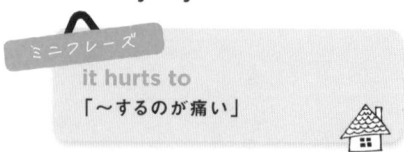

ミニフレーズ
it hurts to
「〜するのが痛い」

今は治療に専念しないと。

You have to focus on the treatment now.

ミニフレーズ
focus on
「〜に専念する、集中する」

歯が痛すぎて歯医者の予約をしないといけない。

My teeth hurt so bad.
I need to make a dentist appointment.

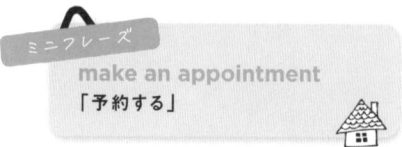

ミニフレーズ
make an appointment
「予約する」

彼、風邪ひいたとき看病しに来てくれた？

Did he come to see you when you were sick?

ミニフレーズ
come to see
「〜に会いにくる」

9

Moving
－ 引っ越し －

これ新しいマンションに持って行ってくれる？
この間荷物に入れるの忘れちゃった。

**Would you take this to the new apartment?
I forgot to** pack **it last time.**

ミニフレーズ
pack
「～を荷物に入れる」

荷物まとめるの手伝ってあげる。

Let me help you **pack your things.**

ミニフレーズ
let me help you
「手伝ってあげる」

引っ越しの準備が終わらず焦っている。

I am panicking **because I haven't finished packing for my new place.**

ミニフレーズ
panic
「パニックになる、焦る」

ずっと大都会に住んでみたかったけど、
いざ住んでみるとちょっと疲れてきた。

I've always wanted to live in a big city, but now that I do I'm a bit tired of it.

ミニフレーズ

now that
「いざ〜してみると」

引っ越したら冷蔵庫が大きすぎて家に入らなかった。

Our fridge was too big for the new place we moved to.

ミニフレーズ

too big for
「〜には大きすぎる」

引っ越してから数年経つのにいまだにドアに腕をぶつける。

Even though it's been a few years since I moved here, I still hit my arm on the doors.

ミニフレーズ

it's been A since B
「B から A 経っている」

机を動かそうとしたら、床に釘で打ち付けられていて
ちっとも動かず、恥ずかしかった。

It was embarrassing when I tried to move the desks, but it didn't budge because they were nailed to the floor.

ミニフレーズ

don't budge
「ちっとも動かない」

嵐で家が停電して何もできなかった。

The power went out during the storm, and I couldn't do anything.

ミニフレーズ
the power goes out
「停電する」

新しい家には慣れた？

Have you settled into your new house?

ミニフレーズ
settle into
「〜に慣れる」

知らぬ間に新しい街での生活を楽しんでいた。

Before I knew it I was enjoying my life in the new town.

ミニフレーズ
before I knew it
「知らぬ間に」

カーテンを買ったけど、
窓に丈が合わなかった。

I bought curtains, but the length didn't match my windows.

ミニフレーズ
length
「長さ、丈」

第1章 — 暮らす

第2章 — 食べる

第3章 — 出かける

第4章 — しゃべる

第5章 — 学ぶ 働く

第6章 — あそぶ

10

Child Care

－ 子育て －

1人で子どもたち見るの大丈夫そう？

Are you alright handling the kids by yourself?

ミニフレーズ

handle the kids
「子どもたちの面倒を見る」

どうなってるの？　誰がこの子どもたちを見ているの？

What's going on? Who is in charge of these kids?

ミニフレーズ

in charge of
「〜を担当する」

子どもが物を壊して誤魔化しているが
バレバレすぎて、もはやかわいい。

The child is trying to hide that they broke something, but it is so obvious it's kind of cute.

ミニフレーズ

so obvious
「バレバレ」

赤ちゃんかわいいね、いくつ？

Your baby is adorable. How old is she?

ミニフレーズ
adorable
「かわいい」

子どもたちに荒っぽくしすぎないようにね。

Careful not to be too rough with the kids.

ミニフレーズ
be rough with
「〜に荒っぽくする」

子どもが癇癪を起こしたら、何をすれば良いかわからない。

I don't know what to do when a child has a tantrum.

ミニフレーズ
have a tantrum
「癇癪を起こす」

妹に威張ってばかりいないの！

Stop bossing your little sister around!

ミニフレーズ
boss around
「〜に威張る、言うことを聞かせる」

第1章 ― 暮らす

第2章 ― 食べる

第3章 ― 出かける

第4章 ― しゃべる

第5章 ― 学ぶ・働く

第6章 ― あそぶ

Shopping

— ショッピング —

あのコート見て。最新デザインだと思う。

Look at that coat. I think it's the newest design.

ミニフレーズ

the newest
「最新の」

あの人は店員に失礼な態度をとった。

That person was rude to the waiter.

ミニフレーズ

be rude to
「〜に失礼である」

オンラインで買ったらぼったくられた。
全然写真と違う。

I got ripped off when I bought these online.
They look nothing like the picture.

ミニフレーズ

look nothing like
「〜と全然違う」

お店で店員に声をかけたらお客さんだった。

The person I spoke to at the store wasn't an employee but a customer.

ミニフレーズ

speak to
「〜に声をかける」

お店で買いたいものがあったのに財布を忘れて買えなかった。

There was something I wanted to buy at the store, but I forgot my wallet so I couldn't.

ミニフレーズ

there is something
「〜なものがある」

セールで買ったオムツが、1週間しかもたなかった。

The diapers I bought on sale lasted for only a week.

ミニフレーズ

last for
「〜の間もつ」

ネットで買った商品が写真と違いすぎて悲しい。

I bought something online, but it was so different from the picture that it made me sad.

ミニフレーズ

buy 〜 online
「〜をネットで買う」

第1章 — 暮らす

第2章 — 食べる

第3章 — 出かける

第4章 — しゃべる

第5章 — 学ぶ働く

第6章 — あそぶ

もうあんまり買い物に行きたい気分じゃなくなったから、
公園にお散歩に行くのでも良い?

I don't feel like going shopping anymore.
Can we just take a walk to the park?

ミニフレーズ
can we just
「〜するのでも良い?」

現金が足りなくて買い物ができなかった。

I couldn't shop because I didn't have enough cash.

ミニフレーズ
don't have enough cash
「現金が足りない」

買う物が少ないからカゴを持たなかったのに、
すぐに手がいっぱいになった。

I didn't get a shopping basket because I didn't have
much to buy, but I ended up with my hands full.

ミニフレーズ
hands full
「手がいっぱい」

貯金をしなくちゃいけないのに、いらない物ばかり買ってしまう。

I keep buying things I don't need when I should be
saving.

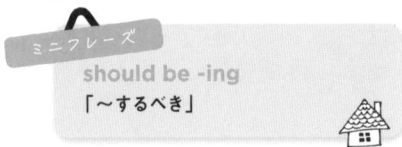

ミニフレーズ
should be -ing
「〜するべき」

12

Fixing

― 修理 ―

窓を直したいけどやり方がわからない。

I want to fix the window, but I'm not sure how to.

ミニフレーズ

how to
「〜のやり方」

ほぼ壊れてるけどこれを直す案ある?

It's practically broken, but do you have any suggestions on how to fix this?

ミニフレーズ

suggestions on
「〜についての意見、提案」

番号本当に合ってる?　100回はやり直したよ。

Are you sure you have the right number?
We have been redoing this over a hundred times.

ミニフレーズ

are you sure
「本当に〜?」

第1章 ― 暮らす

第2章 ― 食べる

第3章 ― 出かける

第4章 ― しゃべる

第5章 ― 学ぶ・働く

第6章 ― あそぶ

テープの切れ目が見つからなくて頭が
おかしくなりそう。

I can't find the start of the tape and
it's driving me crazy.

ミニフレーズ

drive me crazy
「頭がおかしくなる」

任せて、エアコンの直し方知ってる。

Leave it to me. I know how to fix the air conditioner.

ミニフレーズ

leave it to me
「任せて」

冷蔵庫の調子が悪いので見てもらいますか？

Should we get our fridge checked because it's not
working properly?

ミニフレーズ

get checked
「～をチェックしてもらう」

携帯が完全に壊れてどうしようもない。

It's no good. My phone is totally broken.

ミニフレーズ

it's no good
「どうしようもない」

「よろしくお願いします」って英語で言いたいんだけど、
なんて言ったら良い？

無い〜。

無いの！？

無い！

失礼な文化だな。

そんなこともない。

どうすればいいの？
言いたいじゃん。

どうしても言いたかったら、
Thanks for coming to pick me up.
「迎えに来てくれてありがとう。」とか、
Thanks for the ride.
「乗せてくれてありがとう。」って、
してもらった後に言えるけど、
「よろしく」って言葉は無いね。

気持ち悪くない？

日本に慣れるとすごい気持ち悪いんだけど、
アメリカ人的には、最後の感謝の言葉が大事であって、
何か始める前に言われるほうが「なんで？」ってなる。

「なんで？」ってなるんかい！

「まだ何もしてないのに何を言ってるの？」ってなる（笑）。

まとめ アメリカでは最後の感謝の言葉が大事！

食べる

第 2 章

13

Grocery Shopping
－ 買い出し －

コンビニで買い物するといらぬ物までつい買ってしまう。

I always buy unnecessary things when I shop at the convenience store.

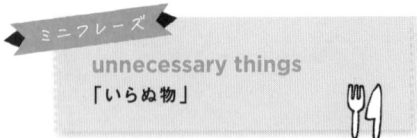

ミニフレーズ
unnecessary things
「いらぬ物」

いつもスーパーで一番遅い列に並んでしまう。

I always end up lining up in the slowest line in the supermarket.

ミニフレーズ
line up
「列に並ぶ」

コンビニでカップ麺を買ったのにお箸をもらい忘れた。

I forgot to ask for chopsticks when buying cup noodles at the convenience store.

ミニフレーズ
ask for
「～をお願いする」

パン屋に行くんだけど、菓子パンいる？

I'm on my way to the bakery. Do you want any pastries?

ミニフレーズ
on my way to
「〜へ向かう途中で」

またスーパーに行かないと。パン買うの忘れた。

I'm gonna have to go to the supermarket again.
I forgot to get some bread.

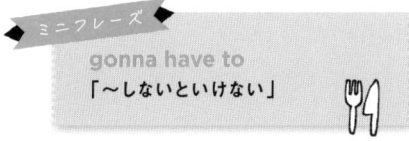

ミニフレーズ
gonna have to
「〜しないといけない」

会計を終えてからエコバッグを忘れたことに気づいた。

I noticed I forgot to bring a bag after I went through the checkout.

ミニフレーズ
checkout
「会計」

偶然妻と同じケーキを買ってしまった。

I coincidentally bought the same cake as my wife did.

ミニフレーズ
coincidentally
「偶然にも」

第1章 暮らす

第2章 食べる

第3章 出かける

第4章 しゃべる

第5章 学ぶ・働く

第6章 あそぶ

買わないと決めてもスーパーのお菓子売り場に寄ってしまう。

Even when I decide not to buy any, I find myself in the snack aisle of the supermarket.

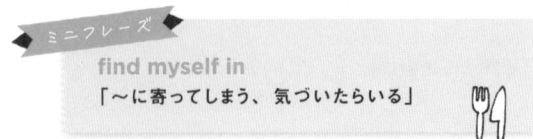

ミニフレーズ

find myself in
「〜に寄ってしまう、気づいたらいる」

次は誰がビール買う番？
私もう2回買ったよ。

Whose turn is it to buy the beer?
I already bought two rounds.

ミニフレーズ

whose turn is it to
「誰が〜する番?」

先月買ったフライパンがもう焦げた。

The frying pan I bought last month is already burnt.

ミニフレーズ

be burnt
「焦げる」

Cooking

－ 料理 －

第1章 暮らす

第2章 食べる

第3章 出かける

第4章 しゃべる

第5章 学ぶ・働く

第6章 あそぶ

それからは自炊することに決めた。

From then on I decided that I will make my own food.

ミニフレーズ

from then on
「それからは、そこからは」

みかんの皮をむいたら、汁が目に入ってしみる。

I was peeling a tangerine and got some juice in my eye, and it stings.

ミニフレーズ

get ~ in my eye
「目に～が入る」

冷凍食品をチンして食べようとしたらまだ冷たかった。

I microwaved some frozen food to eat, but it was still cold.

ミニフレーズ

microwave
「～をチンする、電子レンジで温める」

レンジでチンした料理を食卓に出し忘れた。

I forgot to serve the food I was warming up in the microwave.

ミニフレーズ

serve the food
「料理を出す」

高級な食べ物を取っておいたらカビてた。

I was saving the expensive food for later, but it got moldy.

ミニフレーズ

get moldy
「カビる」

カップラーメンを急いで食べすぎて、
口を火傷した。

I ate the cup noodles so fast that
I burnt my mouth.

ミニフレーズ

burn my mouth
「口を火傷する」

今日料理したくないから出前取らない？

Do you want to order takeout tonight?
I don't really want to cook today.

ミニフレーズ

order takeout
「出前を取る」

彼氏に手料理を作ろうとしたら失敗して、出前を頼んだ。

I wanted to make food for my boyfriend.
But I messed up, and we had to order out.

ミニフレーズ

mess up
「失敗する」

今サンドイッチしか作れないけどいる？

The only thing I can make right now is a sandwich but do
you want one?

ミニフレーズ

the only thing
「唯一のもの」

今晩ピザ何枚頼む？

How many pizzas do you want to order tonight?

ミニフレーズ

how many
「いくつ〜？」

今日の夕食に何を作れば良いかわからないまま、
夕食の時間になってしまった。

I don't know what to make for dinner, and it's already
dinner time.

ミニフレーズ

what to
「何を〜するかということ」

第1章 ― 暮らす

第2章 ― 食べる

第3章 ― 出かける

第4章 ― しゃべる

第5章 ― 学ぶ・働く

第6章 ― あそぶ

オムライス作りに慣れるまで時間がかかりすぎて、
お店の卵が無くなった。

It took so much time for me to get used to making
"omelet with rice" that I used up all the eggs in the
restaurant.

ミニフレーズ
use up
「〜を使い切る」

お箸の使い方を完全に忘れてしまった。

I completely forgot how to use chopsticks.

ミニフレーズ
completely forget
「〜を完全に忘れる」

このケーキを焼くのにどれくらいかかる？

How long does it take to bake this cake?

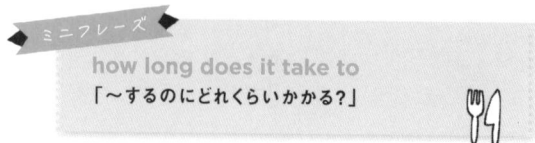

ミニフレーズ
how long does it take to
「〜するのにどれくらいかかる？」

ご飯を作ってくれるなんてとても優しいね。

It's so sweet of you to make me dinner.

ミニフレーズ
it's sweet of you to
「〜するなんて優しい」

愛妻弁当を開けたら、子どものお箸が入っていた。

When I opened the lunchbox my wife made me, my kid's chopsticks were inside.

ミニフレーズ
be inside
「中に入っている」

鰹節は本当は木だと勘違いしていた。

I thought bonito flakes were actually made of wood.

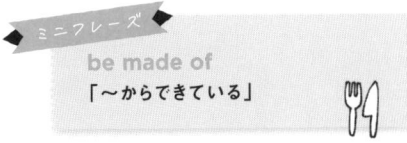

ミニフレーズ
be made of
「〜からできている」

アメリカでもちが流行ってきてる。特にいちごが入ってるやつ。

Mochi is very hot in the US, especially the ones with strawberries in them.

ミニフレーズ
hot
「人気がある」

自宅でパンを作ったらカチカチで食べられなかった。

I tried making bread at home, but it came out to be too hard to eat.

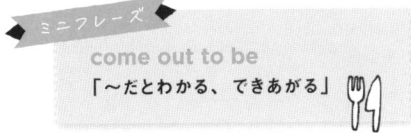

ミニフレーズ
come out to be
「〜だとわかる、できあがる」

第1章 暮らす

第2章 食べる

第3章 出かける

第4章 しゃべる

第5章 学ぶ・働く

第6章 あそぶ

多数決の結果、今日の夕飯はお粥に決まりました。

Today's dinner will be porridge by vote.

ミニフレーズ
by vote
「多数決」

入れる調味料を間違えたが、意外と美味しくできた。

I put in the wrong seasonings, but it tasted better than I thought it would.

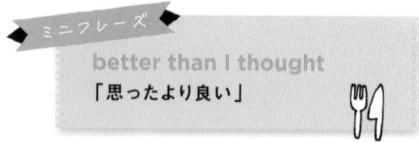

ミニフレーズ
better than I thought
「思ったより良い」

彼女に食べたい物を聞くと、必ず「何でも良い」と言われる。

Whenever I ask my girlfriend what she wants to eat, she always answers, "Anything."

ミニフレーズ
anything
「何でも良い」

包丁を扱うときは気をつけてほしい。

I need you to be careful when you use the knife.

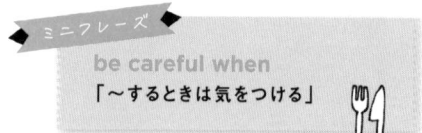

ミニフレーズ
be careful when
「〜するときは気をつける」

第1章 — 暮らす 🏠

第2章 — 食べる 🍴

第3章 — 出かける 👟

第4章 — しゃべる 💬

第5章 — 学ぶ働く ✏️

第6章 — あそぶ 🐻

料理にコクが無くて作り直したい。

I want to remake this dish because it is bland.

ミニフレーズ

remake
「〜を作り直す」

麺を茹でるとき、混ぜ忘れて
ひとかたまりになってしまった。

When I was boiling the noodles,
I forgot to stir them, and they
became a huge clump.

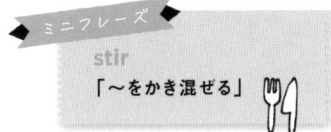

ミニフレーズ

stir
「〜をかき混ぜる」

Mini talk

I tried making bread at home, but it came
out to be too hard to eat.という例文はKayの
実話です。

そんなこともあったね（笑）。

釘が打てるくらい硬かった。

盛りすぎ！ 食べることはできた！

15

Eating Out

― 外食 ―

何食べるか決めた？

Did you decide on what food you want to eat?

> ミニフレーズ
> **decide on**
> 「〜を決める」

アメリカですすって食べるのはマナー違反だけど、
日本では問題ない。

It's bad manners to slurp in America, but it's okay in Japan.

> ミニフレーズ
> **slurp**
> 「すする」

あんな店一生行かない。接客が酷すぎる。

I'm never going to that shop again.
They have horrible customer service.

> ミニフレーズ
> **customer service**
> 「接客」

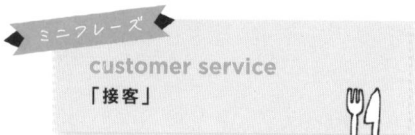

カフェでいくらチップを渡せば良いか、一生正解がわからない。

I never know how much to tip in a coffee shop.

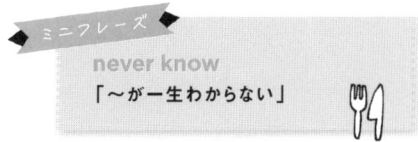

ミニフレーズ
never know
「〜が一生わからない」

こんなに上品なレストランは初めて。

I have never been to such a posh restaurant before.

ミニフレーズ
posh
「上品な、オシャレな」

サラダをシェアする？　前回1人で食べきれなかったの。

Do you want to share the salad?
I couldn't finish it by myself last time.

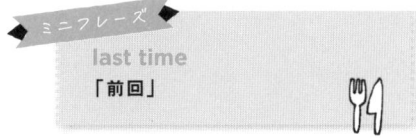

ミニフレーズ
last time
「前回」

ずっと行きたかったお店が潰れたんだけど。

The shop where I've always wanted to go shut down.

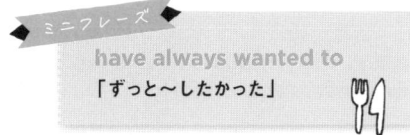

ミニフレーズ
have always wanted to
「ずっと〜したかった」

第1章　暮らす

第2章　食べる

第3章　出かける

第4章　しゃべる

第5章　学ぶ・働く

第6章　あそぶ

スパゲッティをすすったら冷たい視線を感じた。

I sensed cold gazes when I slurped my spaghetti.

ミニフレーズ

cold gazes
「冷たい視線」

回らないお寿司屋さんは
私にはハードルが高い。

I'm not ready to go to a sushi place
that doesn't have a conveyor belt.

ミニフレーズ

be not ready to
「〜する心の準備ができてない」

レストランで注文した料理が、想像していたものと違っていた。

The dish I ordered at the restaurant wasn't what I
expected it to be.

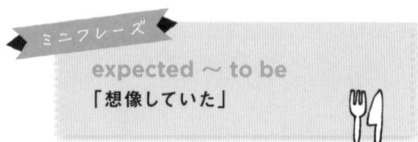

ミニフレーズ

expected 〜 to be
「想像していた」

レストランで隣の席の人の声が大きすぎて、
話が丸聞こえだった。

The people next to me at the restaurant spoke so loudly
that I could hear their conversation clearly.

ミニフレーズ

next to
「〜の隣の」

ラーメンを食べたい気分だったけど、
メニューを見たらカツ丼を食べたくなった。

I felt like eating ramen, but when I saw the menu I wanted to eat cutlet rice bowl.

ミニフレーズ

feel like -ing
「〜したい気分」

ピクニックでお弁当を食べていたら、
風が吹いてきて食べ物が飛ばされた。

We were having a picnic, and the wind blew our food away.

ミニフレーズ

blow away
「〜を吹き飛ばす」

気に入ってたラーメン屋が潰れてしまった。

My favorite ramen place went out of business.

ミニフレーズ

go out of business
「事業が潰れる」

高級レストランに行ったら、服にタグが付いたままだった。

I went to a boujee restaurant with a tag on my clothes.

ミニフレーズ

boujee
「オシャレな、高級な」

第1章 暮らす

第2章 食べる

第3章 出かける

第4章 しゃべる

第5章 学ぶ・働く

第6章 あそぶ

今日のレストランは君に任せるよ。

It's up to you where we have dinner.

ミニフレーズ
up to
「〜に任せる、次第」

初めてメキシカン食べるけどすごく美味しい。

I have never tried Mexican food before now, but I really like it.

ミニフレーズ
have never tried
「〜を試したことがない」

人気店に炎天下の中並んでたら、
入るときには食欲が無くなってた。

I lost my appetite while lining up in the hot weather to eat at a popular place.

ミニフレーズ
lose my appetite
「食欲を無くす」

夜中にラーメンが食べたくなってしまった。

I had the urge to eat ramen in the middle of the night.

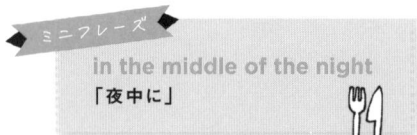

ミニフレーズ
in the middle of the night
「夜中に」

16

Food Report

― 食レポ ―

なんで日本のご飯はこんなに美味しいんだろう？
20キロも太っちゃった。

Why is food in Japan so delicious?
It made me gain 20 kilogram.

> ミニフレーズ
> gain
> 「増える、つける」

このケーキ美味しそうに見えるのに、
今まで食べた中で一番まずい。

This cake looks so good, but it's the worst cake I have
ever had.

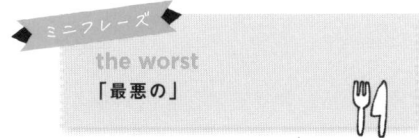

> ミニフレーズ
> the worst
> 「最悪の」

虫料理を出されたけど、虫が嫌いすぎて飲み込めなかった。

I hate bugs so much that, I couldn't swallow the bug
cuisine.

> ミニフレーズ
> swallow
> 「～を飲み込む」

熟したリンゴを初めて見たとき、腐ってると思って捨てた。

The first time I saw a ripe apple, I thought it had gone bad and threw it away.

ripe
「熟した」

おにぎりだけは美味しそうに食べるね。

You only make rice balls look so good.

make 〜 look so good
「〜を美味しそうに食べる」

こんな見た目だけどバカにできない味だよ。

It tastes so much better than it looks.

better than it look
「見た目より良い」

空腹でスープをがぶ飲みしたら、熱すぎて舌を大火傷した。

I was so hungry that I gulped down the soup that was too hot, and I burned my tongue.

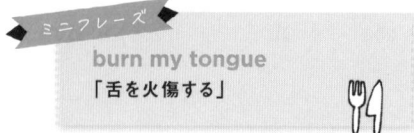

burn my tongue
「舌を火傷する」

激辛チャレンジで完食したが、次の日お腹が痛くなった。

I tolerated the spicy food challenge, but I had a stomachache the next day.

ミニフレーズ

tolerate
「～を耐える」

一度食べたあのカレーの味が忘れられない。

I can't forget the taste of that one curry I had before.

ミニフレーズ

the taste of
「～の味」

高級食べ放題で元取ろうとして食べすぎて気持ち悪くなった。

I went to an expensive all you can eat and I tried to get my money's worth. But I ate too much and got sick.

ミニフレーズ

get money's worth
「元を取る」

食事を勧められたが、匂いがイマイチだったので遠慮した。

I respectfully declined the meal because it smelled a little funny.

ミニフレーズ

respectfully decline
「～を遠慮する、丁重に断る」

第1章 暮らす

第2章 食べる

第3章 出かける

第4章 しゃべる

第5章 学ぶ働く

第6章 あそぶ

最初は新しい食べ物を食べてみるのに慣れなかったけど、
今は大好き。

It was weird trying new foods at first, but now I love it.

ミニフレーズ

weird
「変な、慣れない」

私めっちゃお寿司好きだってことに今気づいた。

I just found out that I really like sushi.

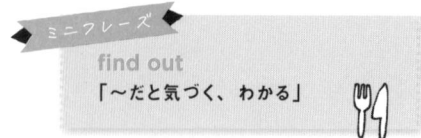

ミニフレーズ

find out
「〜だと気づく、わかる」

個人的にそのパフェは美味しくなかったが、
みんな美味しいって言うので合わせてしまった。

I personally thought the parfait wasn't good, but since
everybody liked it I pretended to like it too.

ミニフレーズ

personally
「個人的に」

嫌う前にせめて試してみてよ。

At least try it before you hate on it.

ミニフレーズ

at least
「せめて」

科学的に安全なのかわからないけど味は美味しいよ。

I don't know if it's scientifically safe but it tastes really good.

ミニフレーズ
scientifically
「科学的に」

言っておくけど、その料理すごく辛いよ。

I am warning you, that dish is really spicy.

ミニフレーズ
I am warning you,
「言っておくけど、」

友達が頼んだ料理のほうが美味しそうに見える。

The dish my friend ordered looks better.

ミニフレーズ
look better
「より良く見える」

友達が作ってくれた食事がイマイチだったけど、
美味しいと言わざるを得なかった。

My friend's meal was so-so, but I had to say it was good.

ミニフレーズ
so-so
「イマイチ」

17

Snacks

― お菓子 ―

夕飯にパフェはちょっと微妙かも。

Parfait for dinner, I don't think so.

ミニフレーズ

I don't think so
「それは微妙、やめよう」

お腹がすいたからクッキー缶を開けたら、
中身が裁縫道具だった。

I was hungry so I opened a can of cookies, but there was a sewing set inside.

ミニフレーズ

a can of
「～の缶」

ガムの味が無くなったけど、捨て時がわからない。

My gum doesn't have any taste anymore, but I don't know when to get rid of it.

ミニフレーズ

get rid of
「～を捨てる」

ケーキにするかアイスにするか、全然決められない。

I am struggling to make a choice between cake and ice cream.

ミニフレーズ

make a choice
「選ぶ」

友達に高級チョコレートと偽って安いチョコレートを渡した。

I gave my friend cheap chocolate pretending that it was expensive.

ミニフレーズ

pretend that
「〜と偽る、ふりをする」

どんなにお腹がいっぱいでもアイスだけは別腹。

No matter how full I am, there is still room for ice cream.

ミニフレーズ

there is still room for
「〜は別腹」

ポテチをとっておいたのに湿気っちゃった。

I was saving a bag of chips for later, but they went stale.

ミニフレーズ

go stale
「湿気る」

第1章 暮らす

第2章 食べる

第3章 出かける

第4章 しゃべる

第5章 学ぶ働く

第6章 あそぶ

なんでこのクラッカー湿気ってるんだろう。

I was wondering why the crackers were so stale.

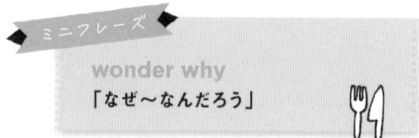

ミニフレーズ

wonder why
「なぜ〜なんだろう」

ポテチが食べたくてたまらないけど今は夜中の3時。

I'd love some chips right now, but it's three a.m.

ミニフレーズ

would love some
「〜が食べたい」

ポテチを開けるとき失敗して、中身を床にこぼしてしまった。

I had trouble opening a bag of chips and accidentally spilled them all over the floor.

ミニフレーズ

have trouble -ing
「〜するのに失敗する」

早く！　彼女に全部食べられないようにお菓子隠して！

Quick! Hide the snacks so she doesn't eat all of them!

ミニフレーズ

quick
「早く」

今日からダイエットって決めたのに、
コンビニスイーツを買ってしまった。

I bought sweets at the convenience store, even though I
decided to go on a diet today.

▶ ミニフレーズ ◀

go on a diet
「ダイエットする」

アイスが溶けて手がベトベトになった。

The ice cream melted and made my
hands sticky.

▶ ミニフレーズ ◀

melt
「溶ける」

第1章 — 暮らす

第2章 — 食べる

第3章 — 出かける

第4章 — しゃべる

第5章 — 学ぶ・働く

第6章 — あそぶ

18

Drinks

― 飲み物 ―

お茶のおかわり持ってくるよ。欲しそうな顔してる。

Let me get you some more tea. You look like you need it.

ミニフレーズ

get more
「おかわりを持ってくる」

もっとお茶もらっていい？　ちょっと喉乾いてるの。

Can I have some more tea? I'm a bit thirsty.

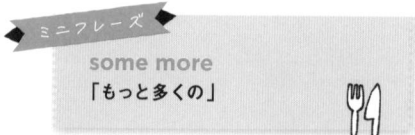

ミニフレーズ

some more
「もっと多くの」

なぜ500mLと2Lの水の値段が同じなんだろう？

I wonder why the 500 milliliter bottle of water is the same price as the 2 liter bottle of water.

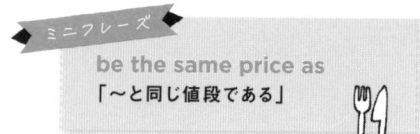

ミニフレーズ

be the same price as
「〜と同じ値段である」

夫にコーヒーを入れてもらったが、ちょっとぬるかった。

I had my husband make me coffee, but it wasn't hot enough.

not hot enough
「ぬるい」

頼みがあるんだけど、コーヒーを持ってきて。

Do me a favor and bring me a cup of coffee.

do me a favor
「頼みがあって〜して欲しい」

冷たい牛乳をコーヒーに注いで欲しかったが、
温かい牛乳だった。

I wanted cold milk poured in my coffee, but I only got hot milk.

pour
「〜を注ぐ」

コーヒーにミルクを入れすぎて薄まってしまった。

I put too much milk in my coffee, and now it's weak.

and now
「そしたら、今は」

第1章 — 暮らす

第2章 — 食べる

第3章 — 出かける

第4章 — しゃべる

第5章 — 学ぶ・働く

第6章 — あそぶ

この飲み物の作り方は世界で1人しか知らない。

There is only one person in this world who knows how to make this drink.

who knows
「〜を知っている人」

世界のどこかでは17時だから、何時でも飲んで良いんだよ。

You can drink anytime because it's five p.m. somewhere in the world.

somewhere in the world
「世界のどこか」

なぜアメリカの公共の場で飲酒するべきでないか説明しよう。

Let me explain to you why you shouldn't drink in public in America.

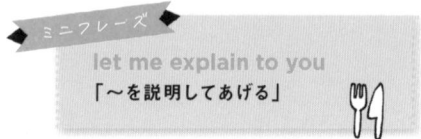

let me explain to you
「〜を説明してあげる」

もう結構飲んじゃったよ。明日二日酔いになりそう。

I already drank so much.
I might get a hangover tomorrow.

get a hangover
「二日酔いになる」

二日酔いだけど後で飲むお酒買っておこう。

Even though we're hungover, let's get some booze later.

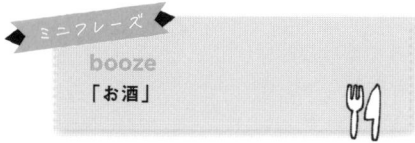
> ミニフレーズ
>
> **booze**
> 「お酒」

シャンパン開けたらライトを割ってしまった。

I broke the light when I opened the Champagne.

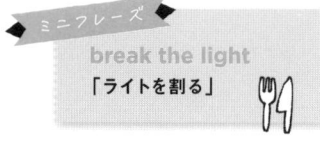
> ミニフレーズ
>
> **break the light**
> 「ライトを割る」

彼女はダイエットソーダでカロリーが無くなると思っている。

She thinks diet soda cancels all calories.

> ミニフレーズ
>
> **cancel all calories**
> 「カロリーを無くす」

第1章 暮らす

第2章 食べる

第3章 出かける

第4章 しゃべる

第5章 学ぶ・働く

第6章 あそぶ

「もったいない」って英語でなんて言うの?

「もったいない」って英語であるの?

What a waste.「なんて無駄なの。」
っていう似た言葉はあるけど
完全には「もったいない」に一致しない。

そうなんだ。

でもピンポイントで、すごい良い言葉だから、
ケニアのワンガリ・マータイさんが
「MOTTAINAIって言葉を世界に広めよう」って言って、
この言葉をすごく広めたの。
だから知ってるアメリカ人もいたりする。

でも有名ではないんだね。

そうね。めちゃ有名じゃないけど、この方はノーベル賞も取ったから
それなりに知ってる人は知ってる。

知識層には通じるかもね。

So! 知る人ぞ知るみたいな(笑)。

まとめ　「もったいない」はそれなりに知られている!

Column　食べ物を使った英語の慣用句

go bananasってどういう意味かわかる?

「バナナでも食べ行く?」みたいに、バーに行く感じ?
「バナナバー行ったぜ」みたいな感じ?

バナナバーって何?(笑)。これは「バナナになる」っていう
「頭がおかしくなった」とか「気が狂った」って意味だよ。

意味不明なんだけど(笑)。なんで?　バナナにその要素無くね?

「コントロールが無くなる」ことを「バナナになる」って言う。

感性おかしいだろ(笑)。

じゃあ次ね。
She brings home the bacon.とShe is the bread winner.はどう?

両方同じ意味ってこと?

そう、同じ意味で使う。

「油でお腹もたれてる」ってこと?

もう1つはbreadだよ?

ベーコンが強すぎて(笑)。「お腹すいた!」とか?

シンプルだな、違う。

腹減ったからベーコン持って帰ってきたのかなって。答え何?

「その家庭での大黒柱とか稼いでる人」のこと。

は?　ベーコンとかパンで良いの?

「彼女のおかげでベーコンとかパンが買えて、
家に持ち帰ってきてくれる」って感じ。

キャビアとかにして欲しいな。

キャビアなんて毎日食わんだろ(笑)。
毎日の食卓に載る物を表しているから。

変なの。

まとめ　食べ物に対する印象は日米で違ったりする!

第 3 章

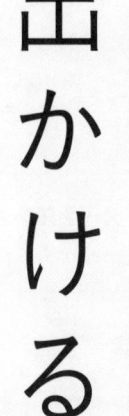

出かける

19

Leaving the House

— 外出 —

ちょっと待って、出るときに鍵閉めた？

Wait a minute, did you lock the doors when we left?

> ミニフレーズ
> **lock the door**
> 「ドアの鍵を閉める」

ちょっとあれ取ってくれる？　今急いでて。

Do you mind picking that up for me? I'm in a rush.

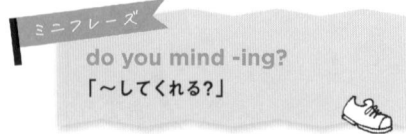

> ミニフレーズ
> **do you mind -ing?**
> 「〜してくれる?」

エレベーターを閉めようとボタンを押したら、開くボタンだった。

I wanted to close the elevator doors, but I was pressing the open button.

> ミニフレーズ
> **press the button**
> 「ボタンを押す」

お財布と鍵、携帯忘れてない？

Make sure you don't forget your wallet, keys, and phone.

> ミニフレーズ
> **A,B, and C**
> 「A と B、C」 ※ and と日本語の「と」の切れ目が違う

お店に行く前に言うつもりだったんだけど忘れちゃった。

I meant to tell you that before going to the store, but I forgot.

> ミニフレーズ
> **mean to**
> 「〜するつもりだ」

カバンが重すぎて肩が痛くなった。

My bag was so heavy that it made my shoulders hurt.

> ミニフレーズ
> **make 〜 hurt**
> 「〜を痛める」

この公園の遊具は古すぎて遊ぶのが怖い。

This playground is so old I'm scared of playing on the equipment.

> ミニフレーズ
> **playground**
> 「遊び場」

第1章 暮らす

第2章 食べる

第3章 出かける

第4章 しゃべる

第5章 学ぶ・働く

第6章 あそぶ

ごめん、今日は忙しくて公園に行く時間なさそう。

Sorry but my hands are full, and I don't have time to go to the park today.

ミニフレーズ
my hands are full
「手が空いていない、忙しい」

こんなに大きい桃が取れたのは初めてだった。

It was the first time we were able to pick such a big peach.

ミニフレーズ
it was the first time
「初めて〜した」

目的地に着いてから
家の鍵を閉めたか心配になる。

When you reach your destination,
you start worrying about
whether you locked your house door.

ミニフレーズ
reach 〜 destination
「〜の目的地に着く」

いらないかもしれないけど、とりあえずこれ持って行きなさい！

You might not need it, but just take this with you!

ミニフレーズ
take 〜 with you
「〜を持って行く」

なんでお店に1人で行ったか知りたい？

Do you want to know why I went to the store by myself?

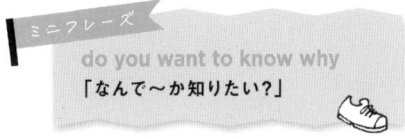

ミニフレーズ
do you want to know why
「なんで〜か知りたい？」

階段で転んだけど、何事もなかったふりをした。

I fell down the stairs but pretended that nothing happened.

ミニフレーズ
fall down
「転ぶ」

街中で叫んでいる人には気をつけよう。

Be careful of people screaming in the streets.

ミニフレーズ
in the streets
「街中で」

今の時点では下に降りてないといけない。

She needs to come down here this instant.

ミニフレーズ
this instant
「今の時点で」

第1章 暮らす

第2章 食べる

第3章 出かける

第4章 しゃべる

第5章 学ぶ・働く

第6章 あそぶ

残念ながらこのお店には臭豆腐はありません。

I'm afraid that our shop doesn't have stinky tofu.

ミニフレーズ

I'm afraid

「残念ながら」

新しい公園に行ったら犬の糞だらけで
顎が外れそうになった。

My jaw dropped when I went to the new park, and it was full of dog poop.

ミニフレーズ

my jaw drops

「顎が外れる」

新しい自転車を買ったのに、タイヤがパンクしていた。

I bought a new bike, but it had a flat tire.

ミニフレーズ

have a flat tire

「タイヤがパンクしている」

嫌いな同僚がマンションの反対側に住んでて気まずい。

A colleague I don't like lives the opposite side of my apartment, and it's awkward.

ミニフレーズ

the opposite side

「反対側」

万引き犯が掃除機を服の中に隠そうとしていたが、
バレバレですぐに捕まった。

The shoplifter was caught right away when it was
obvious he hid a vacuum in his clothes.

ミニフレーズ

shoplifter
「万引き犯」

友達が木を登りすぎて下りられなくなってしまった。

My friend climbed up the tree too high and couldn't get
down.

ミニフレーズ

climb up
「〜を登る」

　英語で擬音語ってあんまり聞かないんだけどあるの?

あるにはある。しょぼいけど。ちょっと昔の漫画に大
体使われてて、何かにぶつかってBoomとか、パン
チのときにKapowとか(笑)。
日本みたいに沈黙ですら擬音語にする技術はな
い。「しーん」ってすごくない?

　言われてみれば確かに(笑)。それで通じるもんね。

— 91 —

20

Walking

― 散歩 ―

あの家、見覚えないんだけどいつ建ったの？

When was that house built?
I don't remember seeing it before.

ミニフレーズ

be built
「建てられる」

歩きながら大声で歌っていたら、後ろに人がいて聞かれていた。

I was singing out loud while walking, and the people behind me were listening.

ミニフレーズ

out loud
「大声で」

オナラをしたけど何もなかったかのように振る舞った。

I farted but pretended like nothing happened.

ミニフレーズ

nothing happened
「何も起こっていない」

なんて名前の場所か思い出せない。

I can't remember what that place was called.

ミニフレーズ
what ~ be called
「～の名前」

ヘルメットをかぶっていたら男の人と間違えられた。

I was mistaken for a man when I was wearing a helmet.

ミニフレーズ
be mistaken for
「～と間違えられる」

街で芸能人を見かけたけど、声をかけられなかった。

I saw a celebrity on the street, but I couldn't talk to her.

ミニフレーズ
celebrity
「芸能人」

携帯を持っていても迷子になってしまう。

I get lost even when I have my phone with me.

ミニフレーズ
get lost
「迷子になる」

第1章 暮らす
第2章 食べる
第3章 出かける
第4章 しゃべる
第5章 学ぶ・働く
第6章 あそぶ

レストラン行くのに良い格好をしていかないとダメじゃない？

Don't you think you need to wear something nice for the restaurant?

ミニフレーズ
don't you think
「〜と思わない？」

その池には絶滅危惧種しかいないから釣りはできないよ。

You can't fish at that pond.
Only endangered species live there.

ミニフレーズ
endangered species
「絶滅危惧種」

新しい場所で迷子になるのはもううんざりだよ。

I'm sick of getting lost in new places.

ミニフレーズ
be sick of
「〜にはうんざりだ」

わんちゃんをお散歩に連れていっても良い？

Can I take the dog outside for a walk?

ミニフレーズ
take 〜 for a walk
「〜を散歩に連れていく」

散歩している犬が飼い主にそっくりだった。

The dog on a walk looked exactly like its owner.

ミニフレーズ

on a walk
「散歩中の」

天気が良いから散歩したけど花粉症がひどすぎて、
くしゃみが止まらなくなった。

The weather was nice so I went for a walk, but my hay fever got so bad I couldn't stop sneezing.

ミニフレーズ

hay fever
「花粉症」

第1章 暮らす

第2章 食べる

第3章 出かける

第4章 しゃべる

第5章 学ぶ・働く

第6章 あそぶ

21

Meeting Up

— 待ち合わせ —

10分後に玄関で待ち合わせしよう。

I'll meet you at the front door in ten minutes.

> ミニフレーズ
> **meet A at B**
> 「AとBで待ち合わせる」

彼女があと10分って言ってから30分出てこない。

It's been 30 minutes since my girlfriend said she'd be here in 10 minutes.

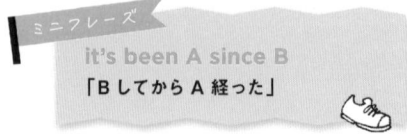

> ミニフレーズ
> **it's been A since B**
> 「BしてからA経った」

30分遅刻してるけど、用意ができたらすぐ向かいますね。

I'm already thirty minutes late, but I'll come as soon as I'm ready.

> ミニフレーズ
> **as soon as**
> 「〜したらすぐに」

あなたのお兄さんはもうすぐ来ますよ。

Your brother will be here any minute now.

any minute now
「もうすぐ、今にも」

ちょっと待ってて、数分で着くから。

Hang on a bit, I will be there in just a few minutes.

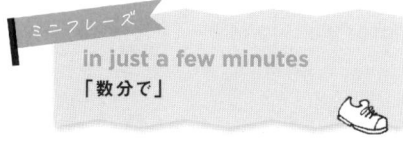

in just a few minutes
「数分で」

もう無理、もうこれ以上待てません。

That's it, I can't wait for you any longer.

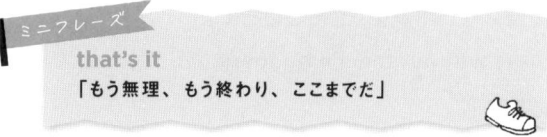

that's it
「もう無理、もう終わり、ここまでだ」

待ち合わせまで4分しかないのに、そこに着くのに1時間かかる。

I promised to meet up in four minutes, but it takes an hour to get there.

get there
「そこに着く」

第1章 — 暮らす

第2章 — 食べる

第3章 — 出かける

第4章 — しゃべる

第5章 — 学ぶ・働く

第6章 — あそぶ

もっと時間かかると思ったけど、
列が結構スムーズに動いて会えなかった。

I thought it was going to take longer, but the line moved
pretty smoothly and we couldn't meet up.

ミニフレーズ
smoothly
「スムーズに、スイスイと」

2時間も並んで疲れ切ってしまった。

I was so exhausted after waiting in
line for two hours.

ミニフレーズ
be exhausted
「疲れ切っている」

私なしで始めないで。すぐにそこに行くよ。

Don't start without me. I'll be there in no time.

ミニフレーズ
in no time
「すぐに」

信号運が悪すぎて、友達との待ち合わせに遅刻してしまった。

I had such bad luck with the traffic lights that I was late
to meet up with my friend.

ミニフレーズ
be late to
「〜するのに遅刻する」

22

Weather

－ 天 気 －

こんな天気の中、外に出なくて済んで良かった。

I'm glad I don't have to go out in this weather.

ミニフレーズ
I'm glad
「〜で良かった」

太陽を直で見たら眩しすぎて後悔した。

I looked straight at the sun, and it was so bright I regretted it.

ミニフレーズ
look straight at
「〜を直接見る」

楽しみにしてたお祭りが雨で中止になった。

The festival I was waiting for was canceled due to the rain.

ミニフレーズ
be waiting for
「〜を楽しみにしている」

Weather

寒い中外に出るなんて考えられないけど、スキーはしたい。

I can't bear going out in the cold, but I really want to go skiing.

> ミニフレーズ
> **I can't bear**
> 「〜を考えられない、耐えられない」

今日この後ずっと雨降るみたい。

It looks like it's going to rain for the rest of the day.

> ミニフレーズ
> **the rest of the day**
> 「この後一日中」

外が寒すぎてコートを2着着なかったことを後悔した。

It was so cold outside I regretted not wearing two jackets.

> ミニフレーズ
> **regret not -ing**
> 「〜しなかったことを後悔する」

暖かいシーズンなのに、ひょうが降ってきた。

It hailed, even though it was supposed to be the warm season.

> ミニフレーズ
> **hail**
> 「ひょうが降る」

23

Driving
― 運転 ―

高速道路で渋滞にはまってトイレに行きたくなった。

I got stuck in traffic on the highway and wanted to use the bathroom.

> ミニフレーズ
> **get stuck in traffic**
> 「渋滞にはまる」

ガソリンの値段が高騰して頭を抱える。

The price of gasoline has gone up so high it's giving me a headache.

> ミニフレーズ
> **go up**
> 「上がる」

すごくトイレに行きたかったけど、
スピード違反で警察に捕まった。

I really needed to go to the bathroom, but got pulled over for speeding.

> ミニフレーズ
> **pull over**
> 「（警官などが）車を止める」

長時間運転してたら片側だけ日焼けしてダサい。

I got sunburned on one side when driving for a long time, and it looks lame.

ミニフレーズ

one side
「片側」

運転を習ったのは高校生のときだけど、
それ以降一回もしてない。

I was in high school when I learned how to drive and I've never done it since.

ミニフレーズ

I was A when B
「私は A のときに B した」

文句を言っても渋滞はマシにならないからやめて。

Stop whining about the traffic.
It won't make it any better.

ミニフレーズ

whine about
「〜の文句を言う」

駐車場が広すぎて車を駐車した場所を忘れて2時間探し回った。

The parking lot was so large that
I forgot where I parked my car and
I had to look for it for two hours.

ミニフレーズ

park my car
「車を駐車する」

渋滞に巻き込まれないように早めに出たが、
忘れ物をして結局渋滞にはまった。

I left early so I don't hit traffic, but I forgot something
and ended up in traffic.

ミニフレーズ

hit traffic
「渋滞に巻き込まれる」

免許取ったけど、怖くて運転できない。

I got my license, but I'm too scared to drive.

ミニフレーズ

get my license
「免許を取る」

彼女に気をつけて運転するように言ったが、
直後にぶつけて焦った。

I panicked when my girlfriend hit the car on something
right after I told her to try not to.

ミニフレーズ

try not to
「〜しないように気をつける」

新車の匂いが嫌いだったから香水を撒いたらもっと臭くなった。

I don't like the smell of new cars, so I sprayed some
perfume but it made it worse.

ミニフレーズ

make 〜 worse
「〜を悪化させる」

第1章 暮らす

第2章 食べる

第3章 出かける

第4章 しゃべる

第5章 学ぶ・働く

第6章 あそぶ

洗車したら窓が開いててびしょ濡れになった。

The window was open when I went through the car wash, and the inside of the car got all wet.

ミニフレーズ
get wet
「濡れる」

時間外に駐車場に車を停めてたら、
目の前で車が持っていかれた。

I parked my car in the parking lot at the wrong time, and my car got towed right in front of me.

ミニフレーズ
parking lot
「駐車場」

駐車が下手すぎて車の真ん中に白線があった。

I am so bad at parking that the white line went right down the middle of my car.

ミニフレーズ
right down the middle
「真ん中」

24

Train

— 電車 —

電車に飛び乗ろうとしたら目の前で扉が閉まった。

I tried to get on the train, but the doors closed right in front of me.

> ミニフレーズ
> **get on the train**
> 「電車に乗る」

なんで東京ってこんなに電車に乗るの難しいの？

Why is riding the train so difficult in Tokyo?

> ミニフレーズ
> **ride the train**
> 「電車に乗る」

電車で寝過ごしてしまい、終点まで行ってしまった。

I fell asleep on the train and didn't wake up until the last station.

> ミニフレーズ
> **the last station**
> 「終点」

第1章 — 暮らす
第2章 — 食べる
第3章 — 出かける
第4章 — しゃべる
第5章 — 学ぶ・働く
第6章 — あそぶ

急いで！　次の電車に乗らなきゃいけないんだから。

Hurry up! We need to get on the next train.

> ミニフレーズ
> **hurry up**
> 「急ぐ」

慌てて電車に乗ったら違う方向だった。

I rushed to get on the train, only to find out it was headed the wrong way.

> ミニフレーズ
> **the wrong way**
> 「間違った方向」

急がないと新幹線に間に合わないよ。

You need to hurry up, or we will miss the bullet train.

> ミニフレーズ
> **bullet train**
> 「新幹線」

時々電車で妊婦さんかどうか
わからないときがある。

Sometimes when I'm on the train I can't tell if someone is pregnant or not.

> ミニフレーズ
> **be pregnant**
> 「妊娠している」

pregnant…?

電車に乗ってる赤ちゃんに変顔してたら、お母さんにバレた。

I was on the train, making funny faces at a baby, and the mother noticed.

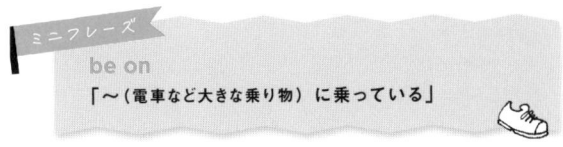

ミニフレーズ

be on
「〜（電車など大きな乗り物）に乗っている」

電車に乗る前にトイレに行ってたのに、すでにまた行きたい。

I just went to the bathroom before getting on the train, but I already want to go again.

ミニフレーズ

just went
「行ったばかり」

電車で踊ってる男性につい目がいってしまった。

I couldn't help noticing the man dancing on the train.

ミニフレーズ

can't help -ing
「〜せずにはいられない」

席の斜め前に座ってる人が変な寝言を言ってて、
笑いがとまらない。

The person sitting diagonally from me keeps sleep talking and I can't stop laughing.

ミニフレーズ

diagonally from me
「私の斜め前に」

第1章 暮らす

第2章 食べる

第3章 出かける

第4章 しゃべる

第5章 学ぶ働く

第6章 あそぶ

新幹線の座席を間違えて怒られた。

I was told off when I took the wrong seat on the bullet train.

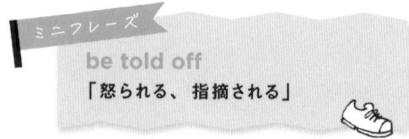

ミニフレーズ
be told off
「怒られる、指摘される」

電車の乗り換えがうまくいかず目的地に到着できなかった。

I couldn't make it to the destination because I messed up my train connection.

ミニフレーズ
train connection
「電車の乗り換え」

電車の中で SNS を見てたら、吹き出してしまい恥ずかしかった。

I laughed out loud on the train when I saw something on social media, and I was so embarrassed.

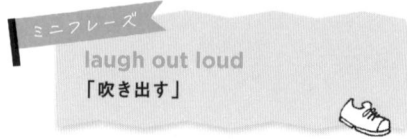

ミニフレーズ
laugh out loud
「吹き出す」

電車を間違えて余計な運賃を払った。

I took the wrong train and had to pay extra fare.

ミニフレーズ
extra
「余計な」

25

Travel

－ 旅 行 －

子どもを連れて車移動すると大騒ぎで手に負えないから、
出発前に坂道ダッシュさせた。

When I have to take the kids in the car they get out of control, so I make them do laps on a hill.

ミニフレーズ
out of control
「手に負えない」

寝坊したけど空港に時間通りに着いた。

I slept in, but I made it to the airport on time.

ミニフレーズ
on time
「時間通りに」

自分の飛行機のターミナルを探すのに、
端から端まで歩き回らないといけなく苦労した。

I had a hard time finding the right terminal for my plane and I had to walk from one end to the other.

ミニフレーズ
have a hard time -ing
「〜するのに苦労する」

旅行でお土産を買いすぎて重量オーバーだったため、
空港で少し捨てた。

I bought so many souvenirs that my luggage exceeded
the weight limit, so I had to throw some away at the
airport.

ミニフレーズ
exceed the weight limit
「重量制限を超える」

いつになったら飛行機から降りられるの?

When will we be able to get off the plane?

ミニフレーズ
get off the plane
「飛行機から降りる」

ホテルのフロントに行ったら
予約した日付を間違えていて泊まれなかった。

When we got to the front desk of the hotel, the
reservation date was wrong and we couldn't stay.

ミニフレーズ
front desk
「フロント」

嵐のせいで2日もホテルから出られなかった。

We were stuck in the hotel for two days due to the storm.

ミニフレーズ
due to
「〜のせいで」

ホテルマンの対応がマジ神で、リピートしたくなった。

The hotel staff was so amazing.
I want to stay there again.

ミニフレーズ
do again
「リピートする」

旅行の持ち物全部そろったか確認してね。

Make sure we have everything for the trip.

ミニフレーズ
make sure
「〜を確認する」

あの旅行本当に楽しかった。貯金を使い果たしたけど。

We had a blast on that trip, although I used up all my savings.

ミニフレーズ
have a blast
「楽しく過ごす」

旅行から帰ったらハプニングの連続だった。

So many things happened after we came back from the trip.

ミニフレーズ
so many things happen
「多くのことが連続して起こる」

第1章 暮らす

第2章 食べる

第3章 出かける

第4章 しゃべる

第5章 学ぶ・働く

第6章 あそぶ

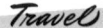

この場所は観光客が多すぎるからオススメじゃない。

I don't recommend this place because there are too many tourists.

ミニフレーズ

tourist
「観光客」

この前の魚釣りとても楽しかった。

I had so much fun going fishing the other day.

ミニフレーズ

the other day
「この前」

前回一緒に釣りに行ったとき以来、船に乗ってない。

I haven't been on a boat since we last went fishing together.

ミニフレーズ

have not A since B
「B 以来 A していない」

シュノーケリング行ったら魚が怖すぎた。

The fish terrified me when I went snorkeling.

ミニフレーズ

terrify
「～を怖がらせる」

そこの郷土料理がわからず、ファストフードを食べてしまった。

Since I did not know any of the local dishes, I ended up eating fast food.

ミニフレーズ

local dishes
「郷土料理、地元料理」

休みの間、祖父母に会いに行く。

I am going to visit my grandparents over the holidays.

ミニフレーズ

over the holidays
「休みの間」

リラックスするために旅行に行ったのに、
遊びすぎてもっと疲れて帰ってきた。

I went on a vacation to relax, but I had too much fun and came back more tired.

ミニフレーズ

go on a vacation
「旅行する」

京都旅行に行き損ねたのが悲しすぎた。

I was so sad that I missed out on the trip to Kyoto.

ミニフレーズ

miss out on
「〜のチャンスを逃す」

第1章 暮らす

第2章 食べる

第3章 出かける

第4章 しゃべる

第5章 学ぶ・働く

第6章 あそぶ

船の中が騒がしすぎて我慢できない。

I couldn't stand the chaos on the ship.

ミニフレーズ
can't stand
「〜に我慢できない」

インスタ映えスポットに行ったら墓地だった。

I went to an instagrammable spot, but it turned out to be a graveyard.

ミニフレーズ
instagrammable
「インスタ映えする」

知らない人に写真撮影をお願いしたら指が写っていた。

When I asked a stranger to take a picture for me, her finger was in it.

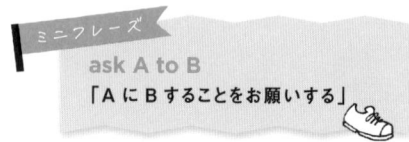

ミニフレーズ
ask A to B
「A に B することをお願いする」

スマホで綺麗な風景を撮ろうとしたら、
間違って自撮りをしてしまった。

I wanted to take a picture of the beautiful scenery, but I accidentally took a selfie instead.

ミニフレーズ
take a selfie
「自撮りする」

誰がサプライズ旅行のことを知ってたの？

Who knew about the surprise trip?

> ミニフレーズ
> **who knew about**
> 「誰が〜について知っていた?」

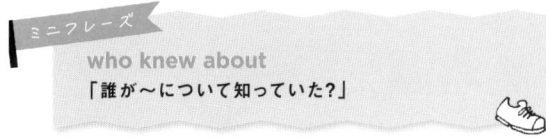

想像もできないくらい良い旅だったよ。

You have no idea how great the trip was.

> ミニフレーズ
> **have no idea how**
> 「どんなに〜か想像もつかない」

彼女の気持ちをくんで旅行に誘ったら断られた。

I tried to consider her feelings and invited her on a trip,
but I was rejected.

> ミニフレーズ
> **be rejected**
> 「断られる」

旅行の写真を見直したら、
ほとんどピンボケしていた。

When I looked back at the pictures
I took during my trip, most of them
were out of focus.

> ミニフレーズ
> **out of focus**
> 「ピンボケ」

第1章 ― 暮らす
第2章 ― 食べる
第3章 ― 出かける
第4章 ― しゃべる
第5章 ― 学ぶ 働く
第6章 ― あそぶ

日焼け止めを塗っていたのにすごい焼けた。

I **got sunburned**, even though I wore sunscreen.

> ミニフレーズ
> **get sunburned**
> 「ひどく日焼けする」

旅先で買った物をなぜ買ったのか自分でも理解できない。

I **can't understand why** I bought the things I did during my trip.

> ミニフレーズ
> **can't understand why**
> 「なぜ〜か理解ができない」

I went to an instagrammable spot, but it turned out to be a graveyard.って例文だけど、アメリカのある有名映画の撮影場所に行ったら、墓地だったの衝撃だったね。

助手席でKayが「墓地じゃん…」って言ったの、いまだに覚えてる（笑）。

あの後、爆笑しながら動画撮ったね（笑）。

26

Going Abroad

― 海 外 旅 行 ―

アフリカに行ったときの話をしよう。

Let me tell you about the time I went to Africa.

> ミニフレーズ
> **the time**
> 「〜したときのこと」

アメリカに行ったときパンケーキを頼んだら、
量が多すぎて食べきれなかった。

When we went to America we got some pancakes, but the portions were so big we couldn't finish them.

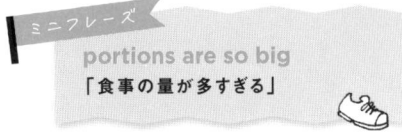

> ミニフレーズ
> **portions are so big**
> 「食事の量が多すぎる」

ちょっと今口座に5ドルしか入ってない。

I only have five bucks in my bank account right now.

> ミニフレーズ
> **buck**
> 「1ドル」

第 1 章 — 暮らす

第 2 章 — 食べる

第 3 章 — 出かける

第 4 章 — しゃべる

第 5 章 — 学ぶ・働く

第 6 章 — あそぶ

インドに行ったらお腹壊したって本当!?

Is it true that you had an upset stomach in India?

> ミニフレーズ
> **is it true that**
> 「〜って本当?」

アメリカの店員が無愛想すぎて、フォークを頼めなかった。

The waiter in America was so unfriendly that I couldn't ask for a fork.

> ミニフレーズ
> **unfriendly**
> 「無愛想な、優しくない」

まだ現地の食べ物に慣れていなかったから、実家が恋しくなった。

I wasn't used to eating the local food yet, and it made me miss home.

> ミニフレーズ
> **be used to -ing**
> 「〜するのに慣れている」

マダガスカル旅行のためにお金を貯めてるの。
キツネザルを見たいんだ。

I'm saving my money for a trip to Madagascar.
I want to see the lemur.

> ミニフレーズ
> **save money**
> 「貯金する」

飛行機の乗り継ぎが10時間あったが、
大幅に遅延して乗り遅れた。

I had a ten-hour layover, but the flight was so delayed I missed my connecting flight.

ミニフレーズ
layover
「乗り継ぎ（待ちの）時間」

海外でぼったくられた。200ドルで偽物の指輪を買わされた。

I got ripped off when I was abroad.
They made me buy a fake ring for two hundred dollars.

ミニフレーズ
get ripped off
「ぼったくられる」

海外で和食が恋しくなって食べに行ったら全然違った。

I missed Japanese food when I was abroad, so I went to get some, but it was too different.

ミニフレーズ
too different
「全然違う」

第1章 暮らす

第2章 食べる

第3章 出かける

第4章 しゃべる

第5章 学ぶ・働く

第6章 あそぶ

「お邪魔します」って英語でなんて言うの?

🐱 人の家入るとき、「お邪魔します」って言うじゃん?

🐰 うん、言うね。

🐱 英語だとなんて言うの?

🐰 ないからたえて!

🐱 たえるの?(笑)

🐰 グッとたえて!
Oh~ Hi~って言って、中入っちゃう。

🐱 そのまま入っちゃって良いの?

🐰 うん、入っちゃって良い。

🐱 日本だと「どうぞお入りください」とかあるじゃんか。

🐰 入るときに、Make yourself at home.
「家みたいにくつろいで。」って言われるときもある。

🐱 何も言わずに入って良いの?
帰るときはByeなの?

🐰 それでも良いんだけど、
相手にお礼を伝えたかったら、
Thank you for having me.
「招いてくれてありがとう。」って言うと、
すごく丁寧で素敵な一言になる。

🐱 それ使うわ!

まとめ 人の家にお邪魔するときは、Hi~くらいで良い!

🐰 英語のスラングって色々あるんだけど、
I don't buy it.はどういう意味だと思う?

🐱 「買ってない」。

🐰 買ってないだとI didn't buy it.になる。

🐱 じゃあ「買わないくらい不味い」みたいな。
私はそんなの不味いから買ってないよ、みたいな(笑)。

🐰 完全にアメリカの食べ物へのイメージじゃん(笑)。
実は「信じない」って意味。

🐱 違いすぎだろ(笑)。しかも信じないは、他の英語で言えるじゃんか。
なんでわざわざ変えたの。

🐰 じゃあもう1個いくよ。
tie the knot。

🐱 「勝って兜の緒を締めよ」みたいな。キュッとやってるから。

🐰 そんなジャパニーズ侍みたいな感じじゃない(笑)。
直訳すると「紐を結ぶ」って意味なんだけど、違う種類の「重い」意味。

🐱 種類があるの?　重いに(笑)。

🐰 軽いわけではないんだけど、全然違う種類の重い。

🐱 「もう逃がさないぞ」みたいな?

🐰 そっちのほうが近いかも!

🐱 こっちのほうが近いの?　俺頭の中で犯人捕まえてたけど(笑)。

🐰 それはまた違うけど。

🐱 答えは?

🐰 答えは「結婚する」

🐱 確かに縛ってるのか…。なんかちょっと嫌な感じに聞こえるわ(笑)。

まとめ　スラングは直訳してもわからない!

— 121 —

しゃべる

第 4 章

27

Introduction

－ 紹介 －

-"-"-"-"-"-"-"-"-"-"-"-"-"-"-"-"-"-"-

人の名前を紹介された直後に忘れてしまい、
また聞くのが恥ずかしい。

I forget people's names right after they are introduced,
and I'm too embarrassed to ask again.

> ミニフレーズ
> **right after**
> 「〜の直後に」

こんなに可愛い妹がいたなんて知らなかった。

I had no idea that you had such a cute sister.

> ミニフレーズ
> **such a A**
> 「こんなに A」

私と趣味が同じだなんて全然知らなかった。
来週一緒にジェットスキーしに行かないと！

I had no idea that you had the same hobbies as I do.
We should go jet skiing next week!

> ミニフレーズ
> **the same as I**
> 「私と同じ〜」

海外生活は難しい、言語と慣習を知っていたとしても。

Living abroad is difficult, even when you know the language and customs.

live abroad
「海外に住む」

彼は強面だけど本当はとても面白くてやらかしてばっかりだ。

He has a serious look, but he is actually really funny and always gets in trouble.

serious look
「強面、真剣な顔」

私が知っておくべき日本の伝統はある？
今日ちょっと間違えちゃった気がするから。

Are there any Japanese traditions I need to know about? Because I think I missed something today.

are there any
「何かある?」

私たちは特に共通点がないけど、
もう2年も一緒に過ごしています。

We don't really have anything in common, but we have been going out for two years.

have in common
「〜が共通である」

私の弟は好き嫌いが多くて高級食品しか食べない。

My brother is such a picky eater, and only eats expensive foods.

ミニフレーズ
picky eater
「好き嫌いが多い人」

会ったことある気がする。それとも誰かと勘違いしてるのかな？

Do I know you, or am I mistaking you for someone else?

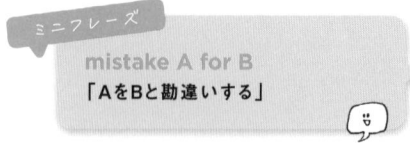

ミニフレーズ
mistake A for B
「AをBと勘違いする」

趣味が合わなすぎて話が続かなかった。

Our hobbies were so different that the conversation didn't last.

ミニフレーズ
don't last
「続かない」

誰かは思い出せないんだけど、あの人見覚えある。

I can't remember who that is, but I recognize him.

ミニフレーズ
recognize
「〜に見覚えがある」

君と弟はお互いすごく似てるね。

You and your brother are so similar to each other.

> ミニフレーズ
>
> be similar to
> 「〜に似ている」

あのキャラが強烈すぎて絶対に忘れない。

That character has a strong impact.
I can never forget him.

> ミニフレーズ
>
> strong impact
> 「印象強い」

彼女の電話番号をメモしてくれる？

Can you write down her phone number for me?

> ミニフレーズ
>
> write down
> 「〜をメモする」

ちょっと待って、私が思うに、髪の毛切ったでしょ？

Wait, let me guess. You got a new haircut.

> ミニフレーズ
>
> let me guess
> 「当てさせて、私が思うに」

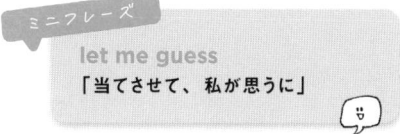

第1章 暮らす

第2章 食べる

第3章 出かける

第4章 しゃべる

第5章 学ぶ・働く

第6章 あそぶ

Small Talk

ー 雑 談 ー

-॥-〃-〃-〃-〃-〃-〃-〃-〃-〃-〃-〃-〃-〃-〃-〃-〃-〃-〃-

あの人とは価値観は合わないけど、なぜか一緒にいると楽しい。

I don't have the same values as that person, but for some reason we have fun together.

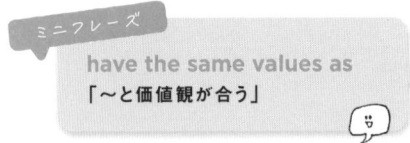

ミニフレーズ
have the same values as
「〜と価値観が合う」

私が腕の骨を折った話、したっけ？

Have I told you about the time I broke my arm?

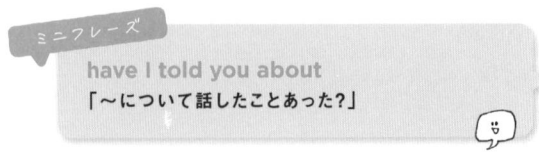

ミニフレーズ
have I told you about
「〜について話したことあった？」

あの女の人が誰か全然わからないけど、ずっと話しかけてくる。

I have no idea who that woman is, but she keeps talking to me.

ミニフレーズ
who 〜 is
「〜が誰なのか」

第1章　暮らす

第2章　食べる

第3章　出かける

第4章　しゃべる

第5章　学ぶ・働く

第6章　あそぶ

さっきすれ違った男性は知り合いに似てる。

The man that just went by looks like someone I know.

ミニフレーズ
someone I know
「知り合い」

ちょっとあの子目立ちたがり屋だと思わない？
いつも自分の持ち物がどれだけ高いかの話してる。

Don't you think she is a bit of a show off?
She always talks about how expensive her things are.

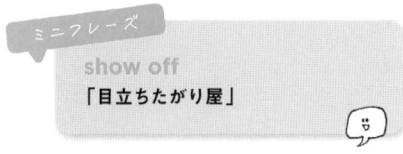

ミニフレーズ
show off
「目立ちたがり屋」

近所の頑固親父が急に静かになった。

The grumpy man in the neighborhood is suddenly quiet.

ミニフレーズ
in the neighborhood
「近所の」

言ってることが私のお母さんとそっくり。

You sound just like my mother.

ミニフレーズ
sound just like
「言っていることが〜にそっくり」

最近大人っぽくなってきたね。
まだ赤ちゃんだった頃をよく覚えてるよ。

You **look** so **grown up** recently.
I still remember when you were a little baby.

ミニフレーズ
look grown up
「大人びて見える」

彼女は読みもしない本にお金をかけすぎてしまう。

She **spends** too much **money on** books she doesn't read.

ミニフレーズ
spend money on
「〜にお金を使う」

友達がお金持ちすぎて、
誕生日に馬をもらってた。

My friend is so rich she got a horse **for her birthday**.

ミニフレーズ
for ~ birthday
「〜の誕生日に」

友達の返信が早すぎてメッセージを何度も書き直す。

My friend replies so fast I have to rewrite my text **multiple times**.

ミニフレーズ
multiple times
「何度も、複数回」

すべては私が少年だった頃に始まった。

It all started when I was a young boy.

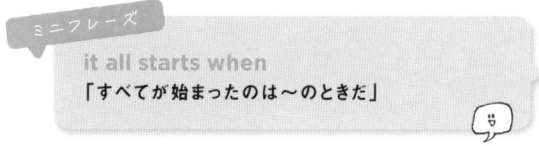

ミニフレーズ
it all starts when
「すべてが始まったのは〜のときだ」

子どもの頃甘やかされすぎて、
自分の部屋の掃除は誰かがやってくれるものだと思ってた。

I was so spoiled in my childhood that I thought someone would always clean my room.

ミニフレーズ
be spoiled
「甘やかされる」

学生時代の夏休みが恋しい。

I miss my summer vacations as a student.

ミニフレーズ
as a student
「学生のとき」

昔高校のチームで野球やってたんだ。

Back in the day, I used to play baseball on the high school team.

ミニフレーズ
used to
「かつて〜していた」

第1章　暮らす

第2章　食べる

第3章　出かける

第4章　しゃべる

第5章　学ぶ・働く

第6章　あそぶ

29

Advice

－ 助 言 －

-ー-ーーー-ーー-ーー-ーー-ーー-ーー-ーー-ーー-ーー-ーー-ーー-

そんな悲しいこと言わないでよ。また後で挑戦したら良いよ。

Don't say something so sad.
You can always **try again later.**

> ミニフレーズ
> **can always**
> 「〜したら良いよ」

彼って少し怪しいから連絡取らないほうが良いよ。

He seems a bit shady, so you should ghost **him.**

> ミニフレーズ
> **ghost**
> 「〜と連絡を取らない」

こんなにドジじゃなければ良かったのに。
いつも1回目じゃ上手くいかない。

I wish I wasn't so careless.
I can never get things right on the first try.

> ミニフレーズ
> **careless**
> 「ドジな」

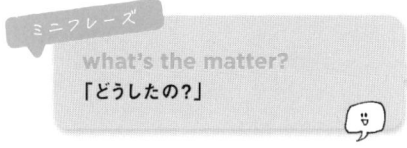
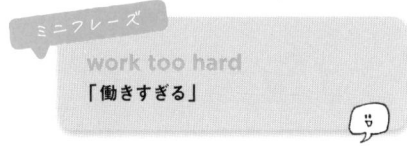

みんな自信満々に違うことを言うから、
誰を信じるべきかわからない。

Everyone says different things with confidence, so I don't know who to believe.

> ミニフレーズ
> with confidence
> 「自信満々に」

どうしたの？　めっちゃ疲れてるように見えるよ。

What's the matter? You look really tired.

> ミニフレーズ
> what's the matter?
> 「どうしたの?」

もっとリラックスして。最近働きすぎだよ。

You need to relax more. You've been working too hard.

> ミニフレーズ
> work too hard
> 「働きすぎる」

今ちょっとわからないから、また後で連絡しても良いですか？

I'm not sure at the moment.
Can I get back to you on that?

> ミニフレーズ
> get back to
> 「〜にまた連絡する、また後で言う」

第1章 ― 暮らす

第2章 ― 食べる

第3章 ― 出かける

第4章 ― しゃべる

第5章 ― 学ぶ 働く

第6章 ― あそぶ

あの人には関わらないほうが良いよ。

You shouldn't get involved with that person.

ミニフレーズ
get involved with
「〜に関わる」

私のミス、秘密にしておいてくれる?

Can you keep a secret about the mistake I made?

ミニフレーズ
keep a secret
「秘密にする」

長いことやってるけど毎回同じことだよ。

I've been doing this for a long time, but it's the same old same old.

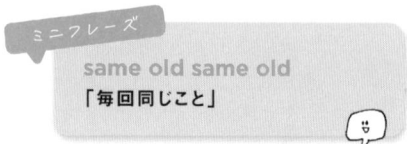

ミニフレーズ
same old same old
「毎回同じこと」

30

Getting Angry
－ 怒 る －

~-"-"-"-"-"-"-"-"-"-"-"-"-"-"-"-"-"-"-

そんなに怒らないで落ち着きなよ。30分遅れただけじゃん。

Don't get so mad, chill out. I was only thirty minutes late.

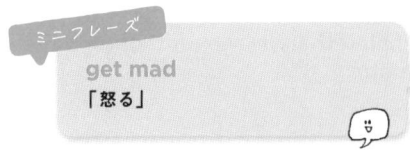

ミニフレーズ

get mad
「怒る」

お姉ちゃんがウザすぎる。
私の服を自分のものみたいにいつも着る。

My sister is super annoying.
She always wears my clothes as if they were hers.

ミニフレーズ

annoying
「ウザい」

仕事を任せて1か月経ったが、
何も進んでなくて呆れてしまった。

I am astonished that person hasn't done anything since I
gave them the job a month ago.

ミニフレーズ

be astonished
「〜に呆れる、信じられない」

第1章 暮らす

第2章 食べる

第3章 出かける

第4章 しゃべる

第5章 学ぶ・働く

第6章 あそぶ

お兄ちゃんがあなたにキレるだけのことはあるね。
あなたが最後のプリン食べちゃったんだから。

There is a good reason for your brother to be mad at you. You ate his last pudding.

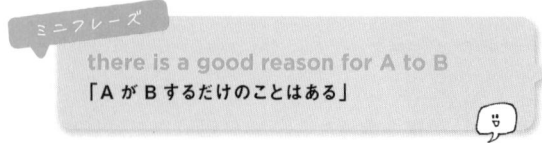

ミニフレーズ

there is a good reason for A to B
「A が B するだけのことはある」

医者を目指してるのに単位落としたなんておかしい。

It's strange that he failed the class even though he is preparing to be a doctor.

ミニフレーズ

it's strange that
「〜だなんておかしい」

ガムを机につけ続けてたら
彼女は発狂する。

She will lose her mind if you keep putting gum on the table.

ミニフレーズ

lose 〜 mind
「〜は発狂する」

ケンカしてる人たちの間に間違って座ってしまった。

I accidentally sat between two people who were arguing.

ミニフレーズ

sit between
「〜の間に座る」

手作りチョコは簡単だと信じていた自分がバカバカしい。

It was silly of me to believe that cooking handmade chocolate is easy.

silly
「バカバカしい」

朝起きたらメガネが壊れていてイライラしてたが、
壊したのは自分だった。

I was irritated to find my glasses broken in the morning, but it was my fault.

be irritated
「イライラしている」

真剣な話をしてるときはふざけないで欲しい。

Don't goof off when I'm having a serious conversation.

goof off
「ふざける」

私のことおちょくらないで。
フラれた夢を見たせいで機嫌が悪いの。

Don't mess around with me. I'm in a bad mood today because I had a dream that I got dumped.

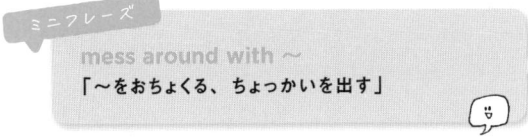

mess around with 〜
「〜をおちょくる、ちょっかいを出す」

若干ストレスたまってるんだよね。本当に仕事が多い。

I am low-key stressed. I have so much work to do.

> ミニフレーズ
>
> **low-key**
> 「若干、それなりに」

何の話かわからないよ。
あなたの好きなアイドルの動画は見たことないもん。

I don't know what you're talking about.
I never saw any videos of the idol group you like.

> ミニフレーズ
>
> **what you're talking about**
> 「君が何について話しているのか」

体型をいじって笑い者にするのってどうなの?

You shouldn't make fun of people by fat shaming them.

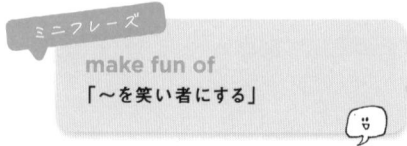

> ミニフレーズ
>
> **make fun of**
> 「〜を笑い者にする」

話してる途中だったのに! まだ一番面白いとこ言ってない。

I was still talking!
You didn't hear the best part of the story yet.

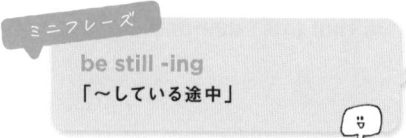

> ミニフレーズ
>
> **be still -ing**
> 「〜している途中」

テーマパークで彼氏とケンカして別れた。

I got in a fight with my boyfriend at a theme park, and we broke up.

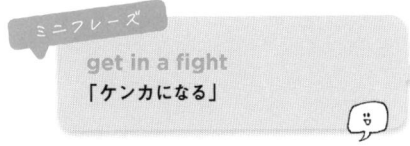

ミニフレーズ

get in a fight
「ケンカになる」

なんで彼に怒鳴ってたの？　何かしたの？

Why were you yelling at him?
Did he do something wrong?

ミニフレーズ

yell at
「～に怒鳴る」

第1章　暮らす

第2章　食べる

第3章　出かける

第4章　しゃべる

第5章　学ぶ・働く

第6章　あそぶ

31

Encouraging

－ 励ます －

-"-"-"-"-"-"-"-"-"-"-"-"-"-"-"-

いつでも自分のやってることに誇りを持って。

Always be proud of what you do.

ミニフレーズ

be proud of
「～に誇りを持つ」

いつも覚えてて、今のあなたで十分だよ。
他の人の言うことは気にしちゃダメ。

Always know that you are enough.
Don't mind what other people say.

ミニフレーズ

don't mind
「～を気にしないで」

夢を諦めさせてるのは、自分以外の誰でもない。

The only thing stopping you from achieving your dreams is you.

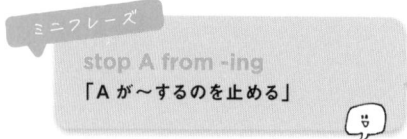

ミニフレーズ

stop A from -ing
「A が～するのを止める」

そんなに自分の失敗にがっかりしないで。誰でもすることだから。

Don't be so upset about your mistakes.
Everyone makes them.

ミニフレーズ

be upset about
「〜にがっかりする」

さすができる男は違うね！

I knew you were the man who could do it.

ミニフレーズ

I knew
「〜だと思ってた、わかっていた」

気合いと根性ですべてを解決する。

Everything will be solved with willpower and guts.

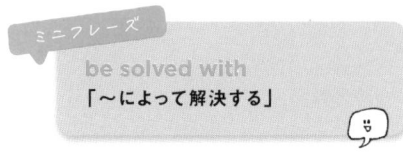

ミニフレーズ

be solved with
「〜によって解決する」

元気になったって聞いて安心したよ。

I am relieved to hear that you are feeling better.

ミニフレーズ

be relieved
「安心する」

第1章 ― 暮らす

第2章 ― 食べる

第3章 ― 出かける

第4章 ― しゃべる

第5章 ― 学ぶ・働く

第6章 ― あそぶ

元気出してよ、明日はきっと良い日になるよ。

Lighten up. Tomorrow will be a better day.

ミニフレーズ

lighten up
「元気を出す」

考えすぎないで、流れに身を任せてみて。

Don't think too hard about it and go with the flow.

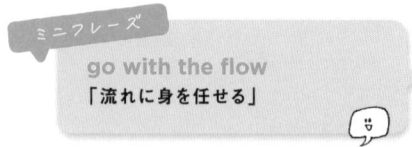

ミニフレーズ

go with the flow
「流れに身を任せる」

上手かどうかよりも、どれだけ努力したかが大事だ。

How good you are at something matters much less than how much effort you put into it.

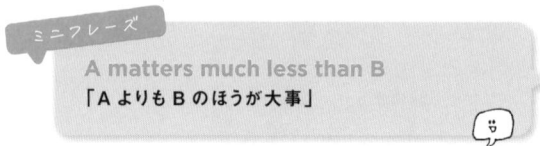

ミニフレーズ

A matters much less than B
「A よりも B のほうが大事」

自分を信じて、きっとうまくいくから。

Believe in yourself! Things will turn out fine.

ミニフレーズ

turn out fine
「うまくいく」

第1章 暮らす

第2章 食べる

第3章 出かける

第4章 しゃべる

第5章 学ぶ・働く

第6章 あそぶ

人との会話を深く考えすぎだよ。

You overthink people's conversations too much.

ミニフレーズ
overthink
「〜を考えすぎる」

自分はよく頑張ってるって気づいて。

You need to know that you are doing great.

ミニフレーズ
you need to know
「〜に気づいて欲しい、知って欲しい」

辛いときでもいつも笑顔で。
いつか笑いに変えられる日が来るよ。

Always smile, even when it's hard.
You will be able to laugh about it one day.

ミニフレーズ
even when
「〜なときでさえも」

辛くなったら今ある物に感謝しよう。

When it gets hard, try to be grateful for what you have.

ミニフレーズ
be grateful for
「〜に感謝する」

人々があなたに求めることを必ずしもやらなくても良い。

You don't always have to do what people want you to do.

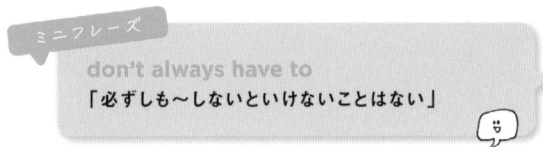

ミニフレーズ

don't always have to
「必ずしも〜しないといけないことはない」

十分に元気がないときは休んでも良いんだよ。

It's okay to rest when you don't have enough energy.

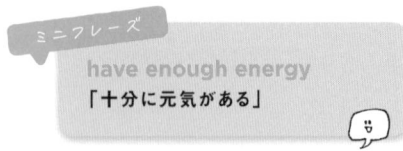

ミニフレーズ

have enough energy
「十分に元気がある」

諦めないで、三度目の正直だから。

Don't give up. The third time's the charm.

ミニフレーズ

the third time's the charm
「三度目の正直」

年齢はただの数字。何歳でも新しいことを学べる。

Age is just a number.
You can learn something new at any age.

ミニフレーズ

at any age
「何歳でも」

第1章 暮らす

第2章 食べる

第3章 出かける

第4章 しゃべる

第5章 学ぶ働く

第6章 あそぶ

悲劇は時間が経つと笑い話になるよ。

You know tragedy plus time equals comedy.

> ミニフレーズ
>
> **you know**
> 「〜だよ、知ってる?」

忘れないで、嵐の後は必ず虹が出る。

Just remember there is always a rainbow after every storm.

> ミニフレーズ
>
> **just remember**
> 「ただ〜を忘れないで」

Kayって日本に引っ越したときみたいに、これまで辛い経験が多かったと思うけど、どうやって乗り越えたの?

Tragedy plus time equals comedy.って言葉を信じて、いつかは笑ってやる!って思って生きてた(笑)。今はその辛い経験でお金儲けしてる(笑)。

32

Expressing Emotions

― 感情表現 ―

―〃―〃―〃―〃―〃―〃―〃―〃―〃―〃―〃―〃―〃―〃―〃―〃―〃―

笑ってはいけないときに限って、すべてが面白く感じてしまう。

Everything seems funny when you're not supposed to laugh.

> ミニフレーズ
>
> **supposed to**
> 「〜しなくてはならない、〜するべきだ」

変顔しすぎて顔が痛い。

My face hurts from making too many funny faces.

> ミニフレーズ
>
> **hurt from -ing**
> 「〜して痛い」

SNS で見た面白い話を友達に話そうとしたが、
笑いすぎて話せなかった。

I tried to tell my friend about a funny story I saw on social media, but I couldn't because I couldn't stop laughing.

> ミニフレーズ
>
> **social media**
> 「SNS」

会話の内容がわからなかったので、笑って誤魔化した。

I didn't understand the conversation, so I just pretended to laugh.

ミニフレーズ

pretend to laugh
「笑って誤魔化す」

これは予想していたのとちょっと違う。

This was not exactly what I was expecting.

ミニフレーズ

not exactly
「ちょっと〜とは違う」

こんな近くに犯罪者がいたなんて。

I didn't know that a criminal was nearby.

ミニフレーズ

nearby
「すぐ近くに」

なんでみんな彼を見てるの？　私だけ何か気づいてないの？

Why is everyone staring at him? Did I miss something?

ミニフレーズ

stare at
「〜を見る」

第1章 暮らす

第2章 食べる

第3章 出かける

第4章 しゃべる

第5章 学ぶ・働く

第6章 あそぶ

今私信じられないものを見たんだけど。

You will never guess what I just saw.

ミニフレーズ
never guess
「〜を信じられない」

もう見たことのある動画を友達に見せられて、
初めて見たフリをした。

I pretended it was my first time seeing the video my
friend showed me, even though I had seen it before.

ミニフレーズ
it is my first time seeing
「〜を見るのは初めてだ」

彼の動きに完全にだまされた。

I was tricked by his movements.

ミニフレーズ
be tricked
「〜にだまされる」

33

Romance

― 恋愛 ―

〃―〃―〃―〃―〃―〃―〃―〃―〃―〃―〃―〃―〃―〃―

初恋の相手誰？　もしかして私？

Who was your first crush? Was it me?

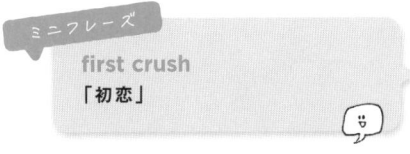

ミニフレーズ

first crush
「初恋」

自分の彼氏が友達に嫌われてて気まずい。

My friends don't like my boyfriend, and it is a little awkward.

ミニフレーズ

awkward
「気まずい」

「察してよ」は無理。

It's impossible to ask someone to understand you.

ミニフレーズ

it's impossible to
「〜するのは無理、不可能だ」

第1章 暮らす

第2章 食べる

第3章 出かける

第4章 しゃべる

第5章 学ぶ・働く

第6章 あそぶ

いつ彼女のことが好きって気づいたの？

When was the moment you realized that you liked her?

ミニフレーズ

the moment
「〜の瞬間」

おしとやかな女性がタイプ。

Women who are modest and elegant are my type.

ミニフレーズ

type
「タイプ」

ライクとラブの違いってなんだろう。

What's the difference between "like" and "love"?

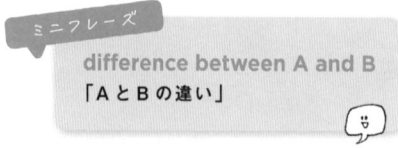

ミニフレーズ

difference between A and B
「AとBの違い」

なんで彼女と別れたのか知りたい。

I just want to know why you broke up with her.

ミニフレーズ

break up
「別れる」

どれだけお金を持っているかは関係ないの。

It doesn't matter how much money you have.

ミニフレーズ

it doesn't matter
「〜は関係ない」

3年ぶりに元カノに会うのは気まずかった。

It was awkward meeting my ex-girlfriend after three years.

ミニフレーズ

ex-girlfriend
「元カノ」

どさくさに紛れて彼女とキスしようとしたらみんなにバレてた。

I tried to kiss her when everyone was distracted, but they all noticed.

ミニフレーズ

distracted
「どさくさに紛れた、気が取られた」

胸がドキドキした相手が、レズビアンで諦めざるを得なかった。

The person who made my heart flutter was a lesbian, so I had to give up.

ミニフレーズ

my heart flutters
「胸がドキドキする、キュンとする」

第1章 暮らす

第2章 食べる

第3章 出かける

第4章 しゃべる

第5章 学ぶ・働く

第6章 あそぶ

歯に海苔がついてることを彼氏に指摘された。

My boyfriend pointed out to me that I had seaweed on my teeth.

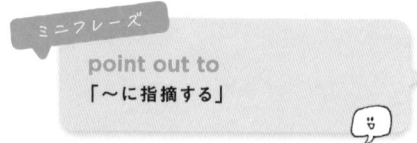

ミニフレーズ
point out to
「〜に指摘する」

別れた彼女のことがまだ忘れられない。

I still can't get over my ex-girlfriend.

ミニフレーズ
get over
「〜を乗り越える」

彼女と仲直りしたいんだけど手伝ってくれない?

I want to work things out with my girlfriend.
Can you help me?

ミニフレーズ
work things out
「仲直りする、解決する」

彼女が何か言おうとしてるときに邪魔しないの。

Don't interrupt when your girlfriend is trying to tell you something.

ミニフレーズ
interrupt
「邪魔する」

彼が私の親友と浮気してることを知ってショックだった。

I was shocked to learn he was cheating with my best friend.

ミニフレーズ

cheat
「浮気する」

ずっと彼を好きだったが、付き合ったら
蛙化現象が起きて嫌いになってしまった。

I liked him for a while, but once I dated him I found an ick, and now I don't like him anymore.

ミニフレーズ

find an ick
「蛙化現象」

彼とヨリを戻そうなんて考えもしないで。

Don't even think about getting back together with him.

ミニフレーズ

get back together
「ヨリを戻す」

彼はあなたに本気だと思う。付き合うの？

I think he is serious about you.
Are you going to date him?

ミニフレーズ

be serious about
「〜に対して本気である」

第1章 暮らす

第2章 食べる

第3章 出かける

第4章 しゃべる

第5章 学ぶ・働く

第6章 あそぶ

彼氏に秘密をバラされて
次の日にはクラス全員が知ってた。

My boyfriend spilled the beans about me and the next day, the whole class knew it.

ミニフレーズ

spill the beans
「秘密をバラす」

遊び人だと聞いていたが、オンライン会議に間違って
彼の愛人が出てくるとは思わなかった。

I knew he is a player, but never thought I'd accidentally see his lover during the online meeting.

ミニフレーズ

player
「遊び人」

彼氏と流行りのカフェに行ったら、
彼以外女性ばかりで気まずそうだった。

I went to a popular café with my boyfriend, but he was the only man there and seemed to feel awkward.

ミニフレーズ

seem to
「〜のようだ」

34

Dating

― デート ―

〜〜〜〜〜〜〜〜〜〜〜〜〜〜〜〜〜〜〜〜〜〜〜〜〜〜

来週彼女をデートに誘おうと思ってる。

I'm thinking of asking her out next week.

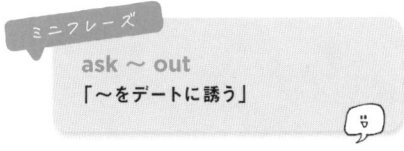

ミニフレーズ

ask 〜 out
「〜をデートに誘う」

今日会わない？　間違えてホールケーキ3つ買っちゃった。

Do you wanna hang out today?
I accidentally bought three whole cakes.

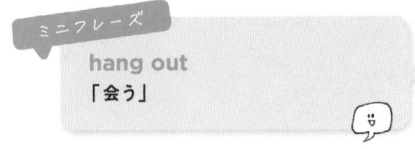

ミニフレーズ

hang out
「会う」

あなたを傷つけるつもりはなかったの。
もっと似合う服があると思っただけ。

It wasn't my intention to hurt your feelings.
I just thought there are more clothes that match you.

ミニフレーズ

intention to
「〜するつもり、意図」

正直に言うと、うまくいかないと思う。

I'll be honest, I don't think that's going to go well.

go well
「うまくいく」

またね、連絡取り合おうね。

See you, let's keep in touch.

keep in touch
「連絡を取り合う」

明日会議があるから、そろそろ帰るね。

I have a meeting tomorrow, so I'm gonna hit the road.

hit the road
「帰る、向かう」

正直言うと、今日電話くれなかったのがっかりした。

Honestly, I am disappointed that you didn't call me today.

honestly
「正直に言うと」

〟━〟━〟━〟━〟━〟━〟━〟━〟━〟━〟━〟━〟━〟━〟━〟━〟

第1章 ― 暮らす

第2章 ― 食べる

第3章 ― 出かける

第4章 ― しゃべる

第5章 ― 学ぶ・働く

第6章 ― あそぶ

どこにいたの、ずっと探してたんだよ。

Where have you been? I've been looking all over for you.

> ミニフレーズ
>
> **all over**
> 「あちこち」

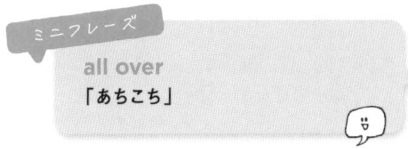

なんでコソコソしてたの？

Why were you being so secretive?

> ミニフレーズ
>
> **secretive**
> 「コソコソした」

お腹を壊して彼氏とトイレの取り合いをした。

Me and my boyfriend scrambled for the toilet because we both had a bad stomachache.

> ミニフレーズ
>
> **scramble for**
> 「〜を取り合う」

すぐにまた話せたら良いね。

I hope we can catch up again soon.

> ミニフレーズ
>
> **catch up**
> 「話す」

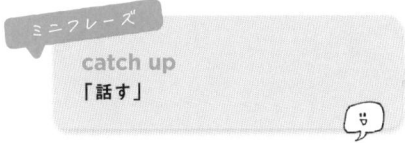

もし私たちが出会ってなかったら、どうなってたんだろう。

What would have happened if we hadn't met?

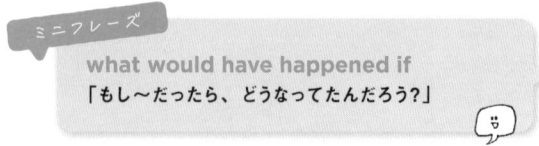

> ミニフレーズ
>
> **what would have happened if**
> 「もし〜だったら、どうなってたんだろう?」

お邪魔しました。ご飯本当に美味しかったです。

Thank you for having me. Dinner was really delicious.

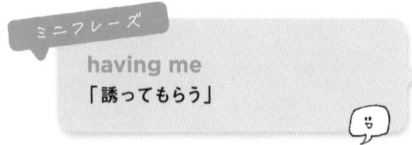

> ミニフレーズ
>
> **having me**
> 「誘ってもらう」

どこにいるの?　できる限り早く連絡してほしい。

Where are you? I want you to contact me ASAP.

> ミニフレーズ
>
> **ASAP (= As Soon As Possible)**
> 「できる限り早く」

付き合って3時間で「鼻毛が出てるから」と振られてしまった。

I got dumped after dating for three hours just because she saw my nose hair.

> ミニフレーズ
>
> **get dumped**
> 「振られる」

日米の笑いのツボの違い

 日本人がアメリカに行って感じる壁ってある？

ある〜〜。

何？

笑い。

笑い?

笑いのツボの違い。

どういうこと？

結構アメリカだとブラックジョークが人気で、
人種差別とか社会問題とか、日本だとタブーとされるものを
イジる文化があって、日本人だとなんでそれが面白いの？って
ジョークがすごい多い。

確かにわかんないな。

だから、まず笑いに入れないっていうのが、
最初に辛い壁になるかもしれないから、
本当に気まずくなったらハッキリ言って良いよ。

なんて言えば良いの？

I don't feel comfortable.
「気分が良くない。」

ハッキリ言えるか！

まとめ アメリカのジョークがわかんなくても良い！

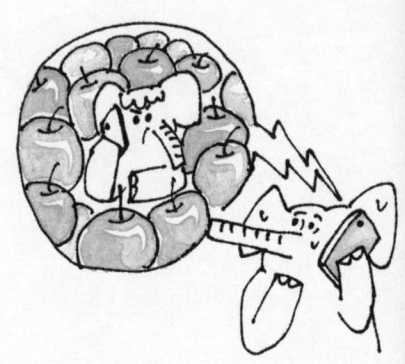

第 5 章

学ぶ・働く

35

Commute

― 通学・通勤 ―

話に夢中になりすぎて電車に乗り遅れ、学校に遅刻した。

I **got** so **invested in** the conversation that I missed the train and was late to school.

ミニフレーズ

get invested in
「〜に夢中になる」

まだ学校に行く準備できてないの？

Aren't you ready to go to school **yet?**

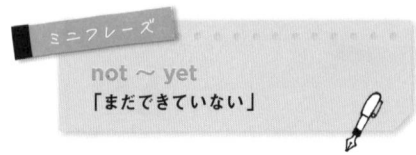

ミニフレーズ

not 〜 yet
「まだできていない」

なんか電車乗り間違えて学校に遅れた。

I **sort of** got on the wrong train and was late to school.

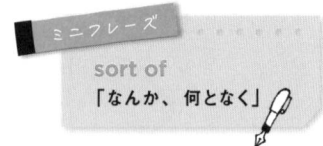

ミニフレーズ

sort of
「なんか、何となく」

学校に間に合ったなんて信じられない！

I can't believe I made it to school on time.

ミニフレーズ

make it to
「〜に間に合う」

いつ学校から帰ってきたの？

When did you get back from school?

ミニフレーズ

get back from
「〜から帰る」

今日仕事に行くって言ってたのに、ここで何してるの？

What are you doing here?
I thought you had to go to work today.

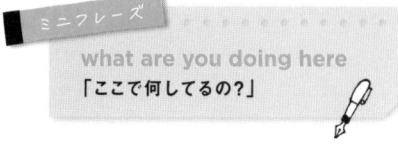

ミニフレーズ

what are you doing here
「ここで何してるの？」

10分以内にオフィスに到着しないと。

I have to be at the office in ten minutes.

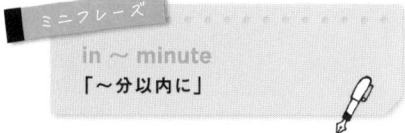

ミニフレーズ

in 〜 minute
「〜分以内に」

第1章 暮らす

第2章 食べる

第3章 出かける

第4章 しゃべる

第5章 学ぶ・働く

第6章 あそぶ

テレワークが寂しくなって出社したが、
誰とも話さず一日が終わってしまった。

I went to work because working from home got lonely,
but I didn't talk to anyone the whole day.

ミニフレーズ

work from home
「テレワーク」

出社前のほんのひと時が私の癒しです。

The only time I can relax is the short period before going
to work.

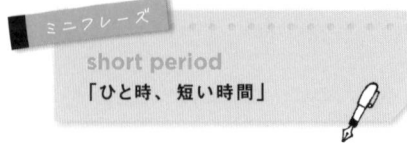

ミニフレーズ

short period
「ひと時、短い時間」

36

School Life

― 学校生活 ―

先生を間違って「お母さん！」と呼んでしまった。

I accidentally called my teacher "mom."

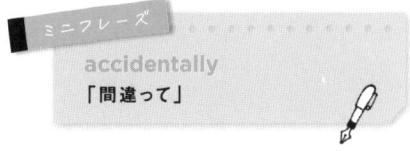

ミニフレーズ

accidentally
「間違って」

クラスで一番になる必要はないよ。

Don't worry about not being the best in your class.

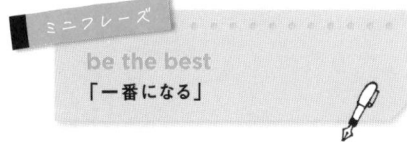

ミニフレーズ

be the best
「一番になる」

この授業つまんない、他のことできたら良いのに。

This class is so boring.
I wish we could do something else.

ミニフレーズ

do something else
「他のことをする」

第1章 ― 暮らす

第2章 ― 食べる

第3章 ― 出かける

第4章 ― しゃべる

第5章 ― 学ぶ・働く

第6章 ― あそぶ

リレーでコーラス部に負けて、悔しい気持ちでいっぱいだった。

I was frustrated when we lost against the chorus club in the relay.

ミニフレーズ

frustrated
「悔しい、イライラした」

なんで毎日学校と塾に行かないといけないの？

Why do I have to go to school and cram school every day?

ミニフレーズ

cram school
「塾」

ダルい授業は寝るに限る。

Boring classes are for sleeping.

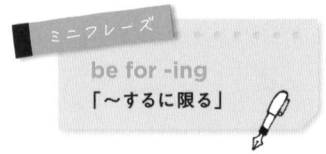

ミニフレーズ

be for -ing
「〜するに限る」

家の近くの大学には行かない。

I won't be attending a university near my home.

ミニフレーズ

attend
「〜に出席する」

学校のカバンから鉛筆を見つけられるか見てみる。

Let me see if I can find my pencil in my school bag.

ミニフレーズ
let me see if
「〜か見てみる」

休み時間何してたの？

What were you doing during recess?

ミニフレーズ
recess
「休み時間」

犬が学校のカバンにおもちゃを入れてて、
学校に着くまで気づかなかった。

My dog put his toy in my school bag, and I didn't notice until I got to school.

ミニフレーズ
put A in B
「BにAを入れる」

休み時間が終わったら自分の席に着きなさい。

Get back to your seats when recess is over.

ミニフレーズ
get back to
「〜に戻る」

第1章 暮らす

第2章 食べる

第3章 出かける

第4章 しゃべる

第5章 学ぶ働く

第6章 あそぶ

今日お気に入りの漫画を授業に持っていったら、
先生に没収された。

I brought my favorite comic to class today, but the teacher took it away.

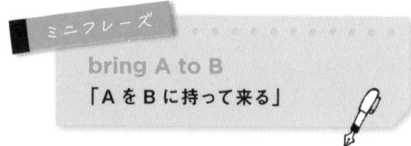

ミニフレーズ

bring A to B
「A を B に持って来る」

体育の授業でテストがあるのに体操着を忘れた。

I forgot my gym clothes, even though I have a test in gym class.

ミニフレーズ

gym class
「体育」

先生が火災訓練のやり方がわからず、
代わりにゲームして遊んだ。

My teacher didn't know how to do the fire drill and we got to play games instead.

ミニフレーズ

fire drill
「火災訓練」

彼が単位を落としたのって私のせいかな？

Do you think it was my fault that he failed the class?

ミニフレーズ

fault
「責任」

数学コースを取ろうか考えたことある？

Have you considered taking the math course?

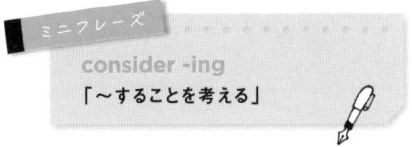

ミニフレーズ

consider -ing
「～することを考える」

知ってるかわからないけど、転校生来るんだって。

I don't know if you know this or not, but there is going to be a new student.

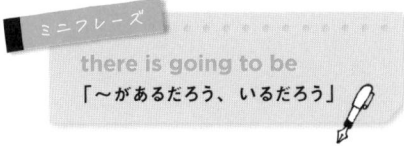

ミニフレーズ

there is going to be
「～があるだろう、いるだろう」

練習をサボっていたら監督にバレた。

My coach found out I was slacking off during practice.

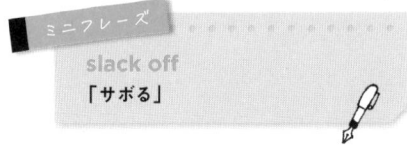

ミニフレーズ

slack off
「サボる」

教室の壊れたテレビを何とかできませんか？

Is there something you can do about the broken TV in the classroom?

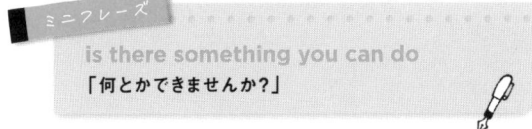

ミニフレーズ

is there something you can do
「何とかできませんか？」

第1章　暮らす

第2章　食べる

第3章　出かける

第4章　しゃべる

第5章　学ぶ・働く

第6章　あそぶ

37

Homework

－ 宿題 －

どうやってこんなに早く宿題を終わらせたの？
いっぱいあるのかと思ってた。

How did you finish your homework so quickly?
I thought you had a lot.

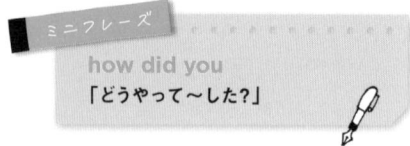

ミニフレーズ

how did you
「どうやって〜した?」

ほら、遊びたいなら宿題を終わらせなさい。

Look here, if you want to play, you need to finish your homework.

ミニフレーズ

look here
「ほら」

今すぐに宿題をやりなさい。

You need to do your homework **straight away**.

ミニフレーズ

straight away
「今すぐに」

「江戸時代」のレポートを書かないといけなかったのに、
間違って「鎌倉時代」について書いてしまった。

I was supposed to write a paper about the "Edo period",
but I accidentally wrote about the "Kamakura period."

ミニフレーズ
write a paper
「レポートを書く」

実質宿題はしたんだけど、無くしちゃったの。

Technically I did do my homework, but I lost it.

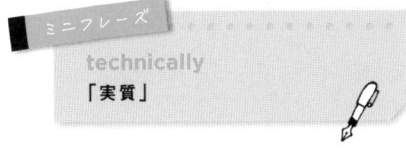

ミニフレーズ
technically
「実質」

宿題が終わるまで映画を見に行ってはいけない。

I'm not allowed to go to the movies unless I finish my
homework.

ミニフレーズ
not allowed to
「〜することを許されていない」

宿題どこに置いたんだろう？　先生に出さなきゃいけないのに。

Where did I put my homework?
I have to turn this in to my teacher.

ミニフレーズ
turn in
「〜を提出する」

第1章 暮らす

第2章 食べる

第3章 出かける

第4章 しゃべる

第5章 学ぶ・働く

第6章 あそぶ

絶対に明日より今日宿題をやったほうが良いよ。
明日1日中韓国ドラマを見るために。

It is better to finish your homework today so you can
spend all day watching K drama tomorrow.

ミニフレーズ
it is better to
「〜するほうが良い」

校長先生の話が永遠に時間がかかるから
授業開始が遅れた。

It takes so long for the principal to finish talking that
class had to start late.

ミニフレーズ
take so long
「とても時間がかかる」

宿題無くしてごめんなさい、もうしません。

I'm sorry I lost my homework.
It won't happen again.

ミニフレーズ
it won't happen again
「もうしません。」

彼は宿題をギリギリまでためがちで、
間に合わないときもある。

He tends to do his homework at the very last minute, and
sometimes he doesn't make it.

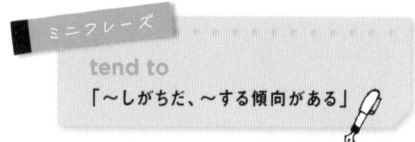

ミニフレーズ
tend to
「〜しがちだ、〜する傾向がある」

38

Tests

－ テスト －

テストの点数が悪すぎてお母さんに言いたくない。

My test score was so bad I don't want to tell my mother.

ミニフレーズ

test score
「テストの点数」

テストでマークシートの記入を間違えないように
気をつけないと。

I need to be careful not to mark the answer sheets wrong
on the test.

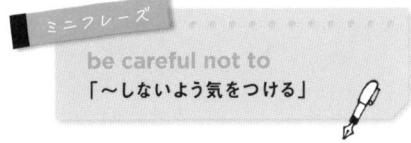

ミニフレーズ

be careful not to
「〜しないよう気をつける」

お誕生日にテストがあるなんて最悪だね。

It sucks that you have a test on your birthday.

ミニフレーズ

suck
「最悪だ」

第1章 暮らす

第2章 食べる

第3章 出かける

第4章 しゃべる

第5章 学ぶ・働く

第6章 あそぶ

Tests

このテスト簡単すぎて誰よりも早く終わっちゃった。

This test was so easy that I finished before anybody else.

ミニフレーズ

before anybody else
「誰よりも早く」

そのテスト心配だったけど、めっちゃ良くできた。

I was worried about the test, but I aced it.

ミニフレーズ

ace
「〜が良くできる」

こんなに簡単なテストで失敗するなんて、何を考えてたんだろう。

What could I have been thinking of?
That test was so easy, but I failed.

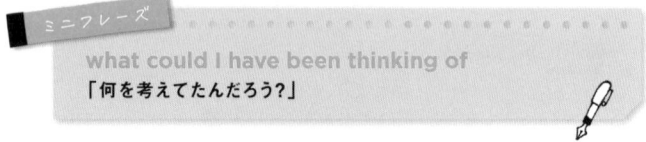

ミニフレーズ

what could I have been thinking of
「何を考えてたんだろう?」

あなたのおかげでクラスで一番の成績になれた。

Thanks to you, I got the best score in the class.

ミニフレーズ

thanks to
「〜のおかげで」

テストに受かる簡単な方法ってあるかな？

Is there an easier way to pass the test?

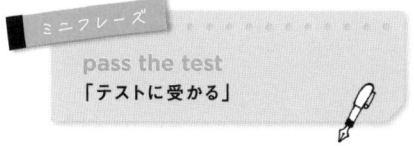

pass the test
「テストに受かる」

テストに受かったかどうかを確認するのに緊張した。

I was nervous to find out if I passed the test or not.

be nervous
「緊張する」

テストの点数が低くて親に叱られた。

I got busted by my parents for getting a low score on my test.

get busted
「叱られる」

友達とテストの答え合わせをしてたら、
自分だけ答えが違いすぎて言い出せなかった。

When checking my test answers with my friends,
my answers were so off that I couldn't say anything.

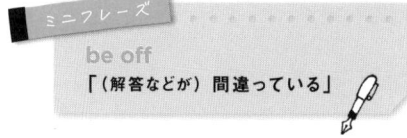

be off
「（解答などが）間違っている」

第1章　暮らす

第2章　食べる

第3章　出かける

第4章　しゃべる

第5章　学ぶ働く

第6章　あそぶ

Tests

テストの文句言うのやめな、どうせ受けなきゃいけないんだし。

Stop complaining about the test.
You have to take it anyway.

ミニフレーズ

complain about
「〜の文句を言う」

次のテストで100点取る以外に方法は無い。

You have to get one hundred percent on the next test.
There is no way around it.

ミニフレーズ

there is no way around it
「他に方法はない、回り道できない」

テスト勉強をしたいのに部屋の掃除を始めてしまった。

I want to study for the test, but I started cleaning
my room instead.

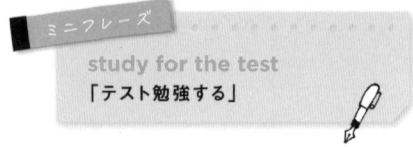

ミニフレーズ

study for the test
「テスト勉強する」

テスト勉強しないといけないから
SNS で時間を無駄にできないの。

I can't waste my time on social media.
I need to study for the test.

ミニフレーズ

waste time
「時間を無駄にする」

なんで良い点が取れなかったのかわかった。
別の章の勉強をしていた。

Now I know why I couldn't get a good score.
I was studying the wrong chapter.

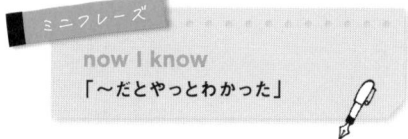

ミニフレーズ
now I know
「〜だとやっとわかった」

夏休みまで、あとテスト1つだけ。

You only have one more test until summer vacation.

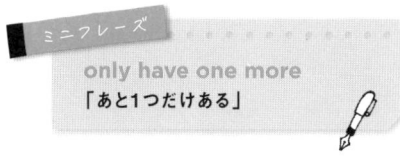

ミニフレーズ
only have one more
「あと1つだけある」

一体全体どうやって試験に合格したの?
2時間しか勉強してないのに。

How in the world did you pass that test?
You only studied for two hours.

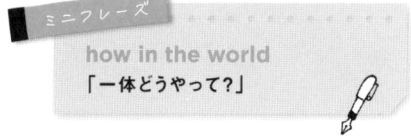

ミニフレーズ
how in the world
「一体どうやって?」

テストが嫌いなので、先生に受けなくて良いかきいてみた。

I asked my teacher if I could skip the test because I don't like tests.

ミニフレーズ
skip
「〜を受けない、飛ばす」

第1章 暮らす

第2章 食べる

第3章 出かける

第4章 しゃべる

第5章 学ぶ・働く

第6章 あそぶ

友達は勉強しなかったって言ったけど、
テストの成績、私のほうが悪かった。

My friend said he didn't study, but he
got a better grade on the test than me.

ミニフレーズ

grade
「成績」

良い成績を取ったからって何になるの？

Does it even matter if you get good grades?

ミニフレーズ

does it even matter
「〜は重要なの？」

何で90点でそんなに悩んでるの？　私なんて10点だったよ。

Why are you so worried that you got ninety percent on
your test? I only got ten percent.

ミニフレーズ

be worried
「悩んでいる、心配している」

テストで赤点取るのは大したことないけど、
ご飯を食べなかったらヤバイ。

Failing a test is no big deal, but missing a meal is.

ミニフレーズ

no big deal
「大したことない」

39

Studying

― 学習 ―

説明を聞いたら、答えが2番なのがすごい理解できる。

Now that you've explained it, it makes so much more sense that the answer is two.

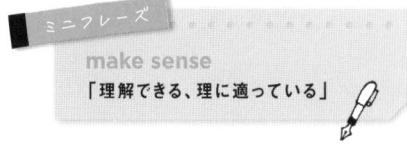

make sense
「理解できる、理に適っている」

考えすぎたら答えを間違えちゃうよ。

Don't think too hard or you will get the answers wrong.

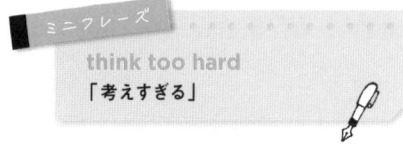

think too hard
「考えすぎる」

数学のノートに綺麗な円を描けたことがない。

I was never able to draw a perfect circle in my math notebook.

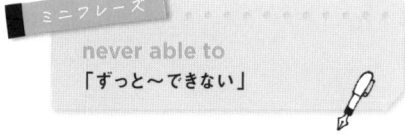

never able to
「ずっと〜できない」

私のスピーチなのに彼が大量に手直ししたから、
もはや誰が書いたかわからない。

He made a bunch of changes to my speech, that I can't
tell who wrote it.

ミニフレーズ
a bunch of
「大量の」

資格を取るの、簡単だと思ってたの？

Did you expect that getting a license would be easy?

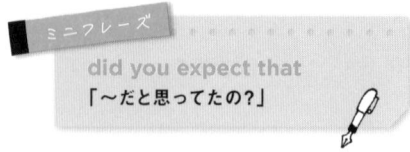

ミニフレーズ
did you expect that
「〜だと思ってたの？」

なんでこんなめちゃくちゃ簡単な算数の問題が
解けないのかわからない。

I don't know why I can't work out this incredibly easy
math problem.

ミニフレーズ
work out
「〜を解く」

新鮮な空気を吸って頭をクリアにしないと。

I need some fresh air to clear my head.

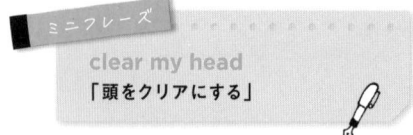

ミニフレーズ
clear my head
「頭をクリアにする」

この本を何度も読んで暗記してしまった。

I read this book so many times I memorized it.

ミニフレーズ

memorize
「〜を暗記する」

その単語の意味10回はきいたことあるけど、すっかり忘れた。

I asked the meaning of this word ten times, but I completely forgot it.

ミニフレーズ

completely forget
「〜をすっかり忘れる」

もうすぐこの算数の問題解けそう。

I am almost about to solve this math problem.

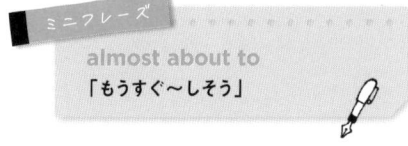

ミニフレーズ

almost about to
「もうすぐ〜しそう」

曲の歌詞は全部覚えられるのに、英単語は全く頭に入らない。

I can remember all the lyrics to a song, but I can't get my head around English vocabulary.

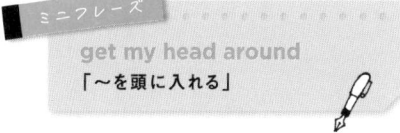

ミニフレーズ

get my head around
「〜を頭に入れる」

第1章 暮らす
第2章 食べる
第3章 出かける
第4章 しゃべる
第5章 学ぶ・働く
第6章 あそぶ

この説明ややこしすぎる。

These instructions are very confusing.

confusing
「ややこしい」

何かを検索しようと携帯を開いたのに、
何だったか忘れた。

I opened my phone to look something
up and totally forgot what it was.

look up
「〜を検索する、調べる」

書類の指示に従わなければいけません。

You have to follow the instructions on the paper.

follow instruction
「指示に従う」

漢字の意味を調べたのに、説明文が難しくてわからなかった。

I was looking up a kanji, but the description was too
difficult to understand.

description
「説明文」

第1章　暮らす
第2章　食べる
第3章　出かける
第4章　しゃべる
第5章　学ぶ・働く
第6章　あそぶ

説明を読む前に箱を捨ててしまった。

I threw away the box before reading the instructions.

ミニフレーズ

throw away
「～を捨てる」

間違えてデータを全部消してしまったから、
このエッセイ終わらせるのにもう少し時間がかかる。

I accidentally deleted all my data, so I need more time to finish this essay.

ミニフレーズ

need more time
「まだ時間がかかる、もっと時間が欲しい」

自分で「頭悪い」と言う人は信じない。

I don't believe people who say they aren't smart.

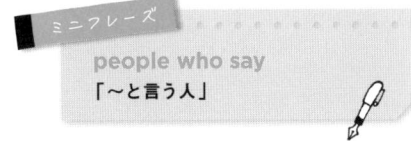

ミニフレーズ

people who say
「～と言う人」

この本は過小評価されてる。
子どもたちがいくつもの不幸せな出来事に見舞われる話なんだ。

This book is so underrated. It's about children who get caught up in a series of unfortunate events.

ミニフレーズ

underrated
「過小評価された」

彼女はそのプログラムを1年で終わらせて、
羨望の眼差しを浴びた。

She earned a lot of respect for finishing the program in a year.

ミニフレーズ

earn respect
「尊敬される」

特に理由はないけど、本を読み終わらせることにした。

For no particular reason, I decided to finish reading this book.

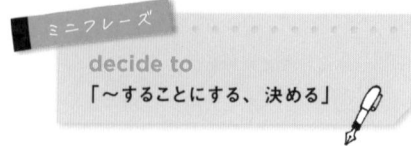

ミニフレーズ

decide to
「〜することにする、決める」

やっぱり日本の英語のテストって余裕だった？

全然余裕じゃなかった。文法が全然わからない
（笑）。

ネイティブでも難しいの？

日本語で英語の文法を学ぶのが難しいのと、テスト
範囲内の単語が覚えられない……。範囲外で答え
るとバツにされる。合ってるのに……。

🔊 40

Working

－ 仕事 －

もうすぐで仕事終わるよ！

I'm almost finished with my work.

ミニフレーズ

almost finished
「ほとんど終えている」

仕事に集中できず一日が終わってしまった。

A whole day passed without being able to concentrate on work.

ミニフレーズ

concentrate on
「～に集中する」

仕事に集中してるときには邪魔しないで。

Please don't disturb me when I am concentrating on work.

ミニフレーズ

disturb
「～を邪魔する」

第1章 暮らす

第2章 食べる

第3章 出かける

第4章 しゃべる

第5章 学ぶ・働く

第6章 あそぶ

ー

85 ー

仕事が終わるまで電話を無視しないといけなかった。

I had to ignore phone calls until I finished my work.

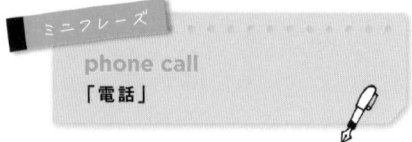

ミニフレーズ

phone call
「電話」

仕事があまりにも多くて、今日はもう諦めた。

There was too much work to do, and I gave up today.

ミニフレーズ

give up
「諦める」

静かなオフィスでお腹が鳴ってしまった。

My stomach growled in a quiet office.

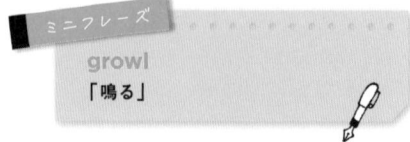

ミニフレーズ

growl
「鳴る」

会社に一人は毎日お菓子を配ってくれる人がいる。

There is always this one person in your company who gives out snacks every day.

ミニフレーズ

give out
「～を配る」

会社のデスクにこっそりお菓子を入れてる。

I sneak snacks into my office desk.

ミニフレーズ
sneak
「こっそりする」

中途半端なまま資料を提出してしまった。

I handed in the papers even though they were half-finished.

ミニフレーズ
half-finished
「中途半端な」

メールを送る前に2回確認して本当に良かった。

Thank goodness I checked the email twice before sending it.

ミニフレーズ
thank goodness
「本当に良かった」

一日中暇だったのに終業間際に仕事が増えて殺意がわく。

I feel like I want to kill someone when so much work is handed out at the end of a very slow day.

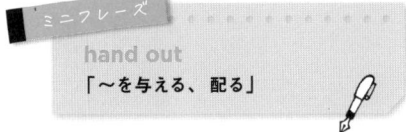

ミニフレーズ
hand out
「〜を与える、配る」

第1章 暮らす
第2章 食べる
第3章 出かける
第4章 しゃべる
第5章 学ぶ働く
第6章 あそぶ

新しいパソコン買って良かった〜。作業時間が半分になった。

I am so glad I bought a new computer.
I can get my work done in half the time.

ミニフレーズ

in half the time
「半分の時間で」

給料が未払いだからストライキを起こした。

There was a strike because our salary wasn't paid.

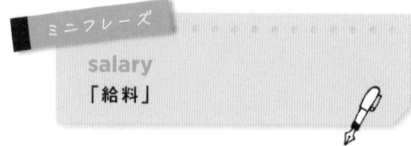

ミニフレーズ

salary
「給料」

あなたがいなかったらこのプロジェクトは終わらなかったから、
借りができたよ。

I owe you one. I wouldn't have been able to finish the
project without you.

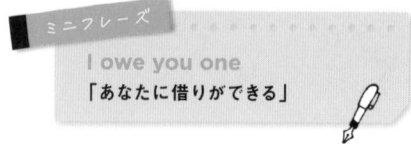

ミニフレーズ

I owe you one
「あなたに借りができる」

誤発注でりんごが実家に100個届いてしまった。

One hundred apples were sent to my
parents' house because of a mistake
in the order.

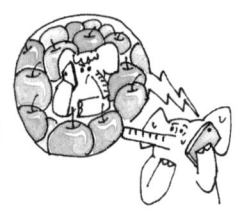

ミニフレーズ

a mistake in the order
「誤発注」

仕事中はスマホゲームをしないのが一番良いと思うよ。

I think it's best that you don't play games on your phone while you are working.

ミニフレーズ
it's best that
「〜が一番良い」

プロジェクトの担当になりたくないのに、みんなが私に投票する。

I don't like to be in charge of projects, but everybody votes for me.

ミニフレーズ
vote for
「〜に投票する」

イベントの調整をしたら、自分の役割がほとんど無かった。

We made adjustments for the event, but I ended up not having much of a role.

ミニフレーズ
make adjustments for
「〜の調整をする」

彼女はビジネスに大成功したから、2号店もオープンできた。

Her business is so successful she was able to open a second shop.

ミニフレーズ
successful
「成功した」

第1章 暮らす

第2章 食べる

第3章 出かける

第4章 しゃべる

第5章 学ぶ・働く

第6章 あそぶ

41

Job

— 業務 —

まずコーヒーとドーナツを食べ終えたら取りかかるね。

I'll get to that once I finish having some coffee and doughnuts first.

ミニフレーズ

get to

「〜に取りかかる」

今朝は二日酔いすぎて打ち合わせに間に合わなかった。

I was so hungover this morning that I couldn't make it to the meeting on time.

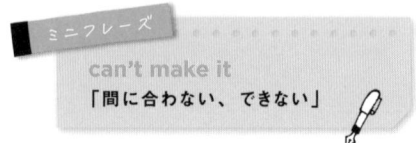

ミニフレーズ

can't make it

「間に合わない、できない」

重要なポイントを全部押さえるようにしたら、
仕事が上手くいった。

My job went swimmingly when I made sure I checked all the important points.

ミニフレーズ

go swimmingly

「上手くいく、スムーズに進む」

心配しないで、今晩中にこの企画は終わらせられるから。

Don't worry. I can finish this project tonight.

ミニフレーズ

don't worry
「心配しないで」

変えたかったらちょっと変えても良いよ。
それぐらい誰も気づかないよ。

You can change it up a bit if you want to.
I don't think anyone will notice.

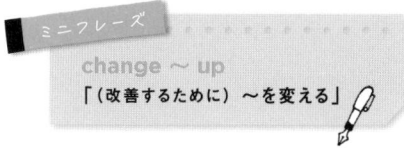

ミニフレーズ

change 〜 up
「（改善するために）〜を変える」

君がもうそれを終わらせたと完全に思ってた。

I completely thought you had already finished that.

ミニフレーズ

completely thought
「〜だと完全に思い込んでいた」

書類を無くしたのは彼だと思うが
絶対に認めないから腹が立つ。

It irritates me because I think he was the one who lost
the papers, but he would never admit it.

ミニフレーズ

admit
「〜を認める」

第1章 暮らす
第2章 食べる
第3章 出かける
第4章 しゃべる
第5章 学ぶ 働く
第6章 あそぶ

もっとこれを早く終わらせられる方法があるはずなんだけど。

There must be some way to finish this more quickly.

ミニフレーズ

must be
「〜のはず」

なんで真夜中のほうが物事が捗るのかわからない。

I wonder why I can get more things done in the middle of the night.

ミニフレーズ

get 〜 done
「〜を済ませる」

なんで重要な作業はつまらないんだろう。

Why are important things so boring?

IMPORTANT

ミニフレーズ

boring
「つまらない、ダルい」

やらないよりかは遅れたほうがマシだっていつも言ってる。

Better late than never is what I always say.

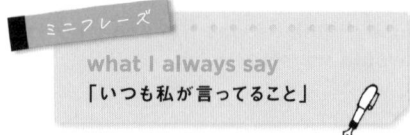

ミニフレーズ

what I always say
「いつも私が言ってること」

何で会社のトイレの洗面台で
髪の毛を洗ってはいけないかよく考えなさい。

You need to think over why you shouldn't wash your hair in the company's bathroom sink.

ミニフレーズ

think over
「〜をよく考える」

昨日徹夜で頑張ったデータが消えて泣きそう。

The data I made pulling an all-nighter disappeared, and I'm about to cry.

ミニフレーズ

pull an all-nighter
「徹夜する」

第1章 暮らす

第2章 食べる

第3章 出かける

第4章 しゃべる

第5章 学ぶ・働く

第6章 あそぶ

42

PC

— パソコン —

パソコンが言うことを聞かなかったので、殴ったら壊れた。

I hit my computer because it wasn't working, and it broke.

ミニフレーズ

work
「機能する、動く」

このボタン押したらどうなる？

What happens when you press this button?

ミニフレーズ

what happens when
「〜したらどうなる？」

タイピング技術を磨いています。

I've been working on my typing skills.

ミニフレーズ

work on
「〜を磨く、練習する」

この新しいソフトウェアに馴染みある？

Are you familiar with this new software?

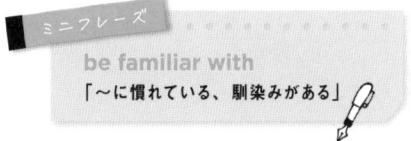

ミニフレーズ

be familiar with
「〜に慣れている、馴染みがある」

コンピューター、使い終わったらシャットダウンした？

Did you shut down the computer after using it?

ミニフレーズ

shut down
「〜をシャットダウンする」

パソコンを変えたら全部データ消えちゃうの？

Will all the data be erased if I change my computer?

ミニフレーズ

be erased
「消える」

パスワードに大文字を入れたのを忘れて、
ロックがかかってしまった。

The password was locked because I forgot that I used a capital letter.

ミニフレーズ

be locked
「ロックされる、鍵がかかる」

第1章 ― 暮らす

第2章 ― 食べる

第3章 ― 出かける

第4章 ― しゃべる

第5章 ― 学ぶ・働く

第6章 ― あそぶ

パソコンがフリーズして一日中使えなかった。

After my computer froze, I couldn't use it for a whole day.

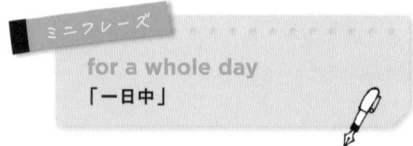

ミニフレーズ

for a whole day
「一日中」

パソコンどうしたの？　なんか変な音がするよ。

What's the matter with your computer? It sounds funny.

ミニフレーズ

sound funny
「変な音がする」

パソコンが壊れる寸前でおかしな音がする。

My computer makes funny noises because it's close to breaking down.

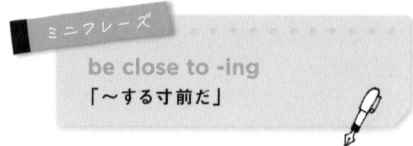

ミニフレーズ

be close to -ing
「〜する寸前だ」

新しいコンピューターも使い慣れるよ。

You'll get the hang of using the new computer.

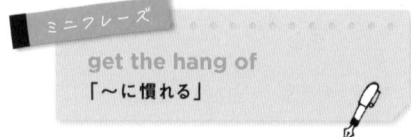

ミニフレーズ

get the hang of
「〜に慣れる」

43

Meeting

－ 会議 －

会議に遅れていることに気づかなかった。

I didn't realize that I was late to the meeting.

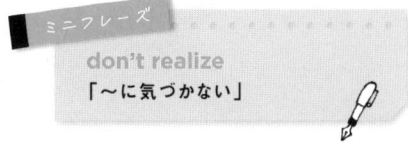

ミニフレーズ
don't realize
「〜に気づかない」

疲れすぎて大事な会議で居眠りしてしまった。

I was so tired that I fell asleep during an important meeting.

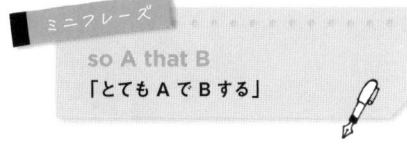

ミニフレーズ
so A that B
「とてもAでBする」

一旦整理しよう。プレゼンやりたい人？

Let's sort this out. Who wants to do the presentation?

ミニフレーズ
sort out
「〜を整理する」

プレゼンの前に落ち着く方法を見つけないと。

I need to find a way to calm down before my presentation.

ミニフレーズ

calm down
「落ち着く」

プレゼン直前に資料を忘れたことに気づいた。

I noticed that I forgot the documents right before the presentation.

ミニフレーズ

right before
「〜の直前」

会議で資料を配ったら全然足りなかった。

There weren't enough papers when I passed them out at the meeting.

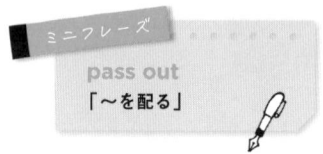

ミニフレーズ

pass out
「〜を配る」

もっと説明をわかりやすくしてくれたら良いのに。

I wish they made the instructions easier to understand.

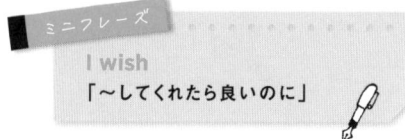

ミニフレーズ

I wish
「〜してくれたら良いのに」

その発表すごく上手くいったね。

You did a fantastic job on that presentation.

ミニフレーズ

fantastic
「素晴らしい」

発表の準備をしっかりしたのに、盛大に失敗した。

I prepared for the presentation well, but it was an epic
fail.

ミニフレーズ

epic fail
「盛大な失敗」

明日私がプレゼンをするべきかどうかわからない。

I'm not sure if I should be doing the presentation
tomorrow.

ミニフレーズ

if I should
「私は〜するべきか」

オンライン会議でなぜか自分の映像ばかり見てしまう。

I don't know why, but I can't help looking at my own
video during an online meeting.

ミニフレーズ

online meeting
「オンライン会議」

第1章 暮らす

第2章 食べる

第3章 出かける

第4章 しゃべる

第5章 学ぶ 働く

第6章 あそぶ

オンライン会議でいつも一人だけ
ずっと映像がフリーズしている人がいる。

There is always one person whose video is frozen the whole time during an online meeting.

ミニフレーズ

the whole time
「ずっと」

自宅でオンライン会議をしていたら子どもが部屋に入ってきた。

My child came into the room when I was having an online meeting.

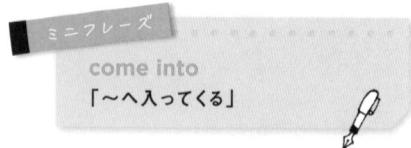

ミニフレーズ

come into
「〜へ入ってくる」

オンライン会議でたまに背景に溶け込んでしまう。

I sometimes blend into the background during an online meeting.

ミニフレーズ

blend into
「〜に溶け込む」

オンライン会議で音消しになっていることに気づかないまま、
プレゼンが終わってしまった。

I finished my presentation in the online meeting, without noticing I had my sound off.

ミニフレーズ

without noticing
「〜に気づかずに」

一番最初の提案に乗っかった。

I jumped on the first offer they gave me.

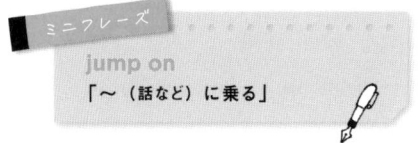

ミニフレーズ

jump on
「〜（話など）に乗る」

君の提案じゃこれはちっとも容易に進まないよ。

Your suggestions are not making this any easier.

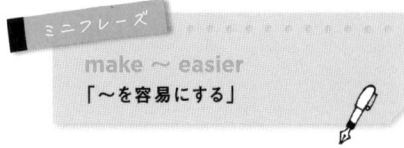

ミニフレーズ

make 〜 easier
「〜を容易にする」

（第1章で出てきた文を練習してみよう！　日本語訳はP.211）

I had an embarrassing moment the other day.

 What happened?

I was in the bathroom when I noticed there wasn't any toilet paper.

 Oh no, what did you do?

I had to ask the person in the next stall to give me some, and I wanted more but I was too embarrassed to ask for it.

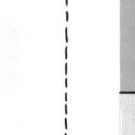

44

Coworkers

— 上 司・同 僚 —

あなたの上司が上司ではない、自分自身があなたの上司なのよ。

Your **boss** is not the boss of you. You are.

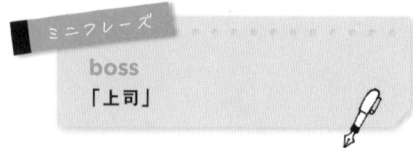

ミニフレーズ
boss
「上司」

良い感じにやっておいてと言われるのが一番困る。

I hate it when they say, "Do whatever you think is best."

ミニフレーズ
do whatever you think is best
「良い感じにやっておいて」

奥さんに帰る連絡をしたかったのに、
間違えて会社の上司に送ってしまった。

I wanted to **send** my wife **a text** that I was coming home,
but I accidentally sent it to my boss.

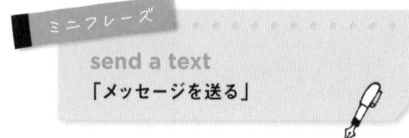

ミニフレーズ
send a text
「メッセージを送る」

第1章 — 暮らす

第2章 — 食べる

第3章 — 出かける

第4章 — しゃべる

第5章 — 学ぶ・働く

第6章 — あそぶ

なんとなく上司のことが好きじゃないし、
上司も私のことが好きじゃないと思う。

For no particular reason, I don't like my boss and I don't think he likes me either.

ミニフレーズ

for no particular reason
「なんとなく」

なんで言われた通りにできないの？
毎回書類を違う国に送り続けてるじゃない。

Why can't you just do as you're told?
You keep sending documents to the wrong country.

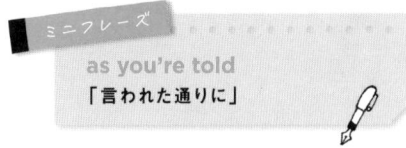

ミニフレーズ

as you're told
「言われた通りに」

めんどくさい上司が左遷になって、
私たちの部署はとても平和になった。

My annoying boss was demoted to another office, and now our office is very peaceful.

ミニフレーズ

be demoted
「降格になる」

そういえば、お願いした用紙はもらってくれた？

By the way, did you get the paper I asked for?

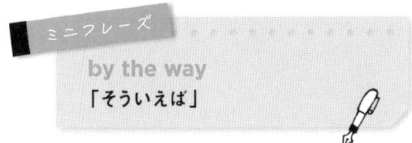

ミニフレーズ

by the way
「そういえば」

彼に間違いを指摘したら逆ギレされた。

He snapped back at me when I pointed out his mistake.

ミニフレーズ

snap back
「逆ギレする」

今朝メールに返信した？

Did you reply to the email this morning?

ミニフレーズ

reply to
「〜に返信する」

あなたの仕事場、大変そうだね。
先週5人も辞めたらしいね。

Your workplace seems so intense.
I heard that five people quit last week.

ミニフレーズ

intense
「大変、きつい」

病欠で休んだ部下が、サッカー観戦しているところが
テレビに映ってる。

My team member who was taking sick leave is on TV
watching a soccer game.

ミニフレーズ

take leave
「休みを取る」

社長は飲み会ばっかりで仕事をしない。

The CEO only goes drinking and doesn't work.

go drinking
「飲みに行く」

同僚のことを知るのって大事なの？

Is it important to get to know your coworkers?

get to know
「〜のことを知る」

もうすぐ仕事終わるから、その後に飲みに行こう。

I'm almost finished with work.
Then we can go out for a drink.

go out for a drink
「飲みに行く」

ちょっと不機嫌でごめんね。
仕事で少しストレスがたまってたみたい。

I'm sorry I was a bit moody.
I think I was a bit stressed with work.

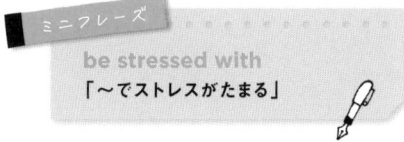

be stressed with
「〜でストレスがたまる」

第1章 暮らす

第2章 食べる

第3章 出かける

第4章 しゃべる

第5章 学ぶ・働く

第6章 あそぶ

これらは私が自分でオフィスまで持っていけるよ。

I can handle taking these to the office by myself.

ミニフレーズ

handle
「対処する、処理する」

頭のおかしい上司が明日までに
雪だるま50体必要だと言ってきた。

My crazy boss told me that we need fifty snowmen by tomorrow.

ミニフレーズ

by tomorrow
「明日までに」

なぜ50体の雪だるまが必要か教えていただけますか?

Would you please tell me why we need fifty snowmen?

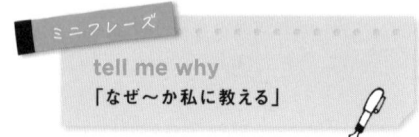

ミニフレーズ

tell me why
「なぜ〜か私に教える」

Job Hunting

－ 就職 －

第1章 暮らす

第2章 食べる

第3章 出かける

第4章 しゃべる

第5章 学ぶ働く

第6章 あそぶ

このペースで働いたら私はもうもたない。
週４日は休みが必要。

I can't keep up with this work pace, I need at least four days off in one week.

ミニフレーズ
day off
「休みの日」

プレッシャーのかかる仕事は苦手だ。絶対昇進したくない。

I'm not good at working under pressure.
I don't ever want to be promoted.

ミニフレーズ
be promoted
「昇進する」

方向音痴だから面接会場の部屋が見つけられなかった。

I have no sense of direction, and couldn't find the room for the job interview.

ミニフレーズ
no sense of direction
「方向音痴」

一日中働きたくて仕方ないとは思わない。

I am **not** keen on working all day long.

ミニフレーズ

be keen on
「〜したくて仕方がない」

頭おかしいの？
私を採用しないとこの会社が上手くいくはずがない。

Are you nuts? There is no way this company will get by without hiring me.

ミニフレーズ

nuts
「頭がおかしい」

自分が決めた仕事が嫌いなのは、至って普通のことだよ。

It's totally normal not to like the job you took.

ミニフレーズ

totally normal
「至って普通」

収入源が年々増えてウハウハだ。

I am so excited because my sources of income are increasing each year.

ミニフレーズ

source of income
「収入源」

いくら稼ぐかよりも、どれだけ経験を積むかのほうが大切だ。

It's not about how much money you earn.
It's all about how much experience you have.

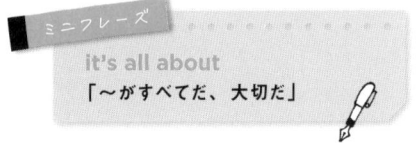

ミニフレーズ

it's all about
「〜がすべてだ、大切だ」

面接やり直したい。緊張しすぎて質問を聞き間違えた。

I want to redo the interview.
I was so nervous I misheard the question.

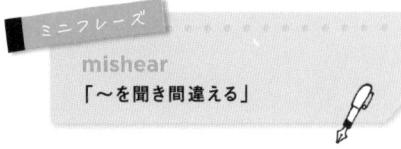

ミニフレーズ

mishear
「〜を聞き間違える」

面接官の前で一発芸をしたら受かった。

I did a party stunt in front of the interviewer, and I got
the job.

ミニフレーズ

party stunt
「一発芸」

1か月前にその仕事に応募して、
まさか採用されるとは思わなかった。

I applied for that job a month ago, and I was surprised to
get it.

ミニフレーズ

apply for
「〜に応募する」

第1章 暮らす

第2章 食べる

第3章 出かける

第4章 しゃべる

第5章 学ぶ働く

第6章 あそぶ

2年間もインターンしてた会社なのに
就職できなかったなんて信じられる？

Could you believe that I didn't get the job?
I interned there for two years.

ミニフレーズ
could you believe that
「〜を信じられる？」

私はいつもエンターテイナーになるのが夢だったが、
結局銀行で働くことになった。

I always dreamed of being an entertainer, but I ended up
working for a bank.

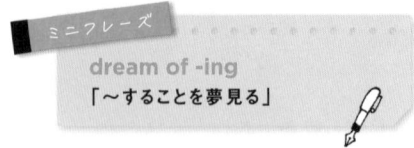

ミニフレーズ
dream of -ing
「〜することを夢見る」

申し込んだ企業すべてが手書きの履歴書を
求めてきたのが信じられない。

I can't believe all the companies I applied for asked for
hand written resumes.

ミニフレーズ
hand write
「手書き」

元彼が働いてる会社で働きたい意志はあるの？

Are you willing to apply to the company your ex is
working at?

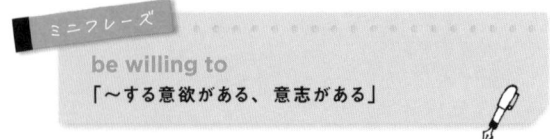

ミニフレーズ
be willing to
「〜する意欲がある、意志がある」

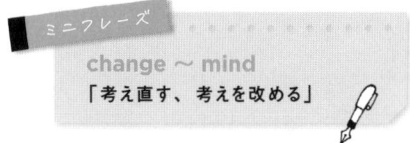

仕事辞めるって言ってたの、考え直した？

Have you changed **your** mind **about quitting your job?**

> ミニフレーズ
>
> change 〜 mind
> 「考え直す、考えを改める」

食品会社で働いてて得なのは毎日食べ物がもらえること。

The perks **of working at a company in the food industry is that you can get food every day.**

> ミニフレーズ
>
> perk
> 「特典、得すること」

（P.201の日本語訳。ちなみに実話ではありません）

この前すごい恥ずかしいことがあったの。

何があったの？

トイレの中でトイレットペーパーが切れていることに気づいたの。

え、それでどうしたの？

隣にいる人にお願いして紙をもらったんだけど、足りなくて……。でも恥ずかしくてそれ以上頼めなかったの。

第1章 暮らす

第2章 食べる

第3章 出かける

第4章 しゃべる

第5章 学ぶ働く

第6章 あそぶ

Mini talk

「お疲れ様です」って英語でなんて言うの?

🐻 「お疲れ様です」って
英語でなんて言うと思う?

🐘 言われてみたら聞いたことないけど、
You had a great timeとか?
そんな感じで言うんじゃないの?

🐻 「良い時間だった」って?(笑)
お疲れ様ですってそういう意味なの?

🐘 良かったね! みたいな。

🐻 絶対違うでしょ(笑)

🐘 思いつかないし、聞いたことない。
なんて言うの?

🐻 無い。

🐘 ふざけんなよ(笑)。
無いわけないでしょ!

🐻 無いんだもん。
終わった後にみんなでお互いにGood work today.
「今日頑張ったね。」とか一言言うことはあるけど、
言わなくても良いから、See you bye.「またね。」で
終わっちゃうことが多い。

🐘 なんでクイズにしたの?

🐻 なんとなく。

🐘 (笑)。

まとめ 仕事が終わったらByeくらいで良い!

Column 「良い感じにやっておいて」って
英語でなんて言うの？

日本でよく上司が部下に仕事渡すとき、
「良い感じにやっておいて」って言うときあるじゃん。

よくあるの？
嫌だ（笑）。

（笑）。まあ、あるんだけど、英語だとどうやって表現するの？

P.202のDo whatever you think is best.「一番と思うことをやって。」
や、I'm leaving this up to you.「君に任せた。」
みたいな遠回しな言い方くらいしかないかな。
「良い感じに」とか「適当に」っていう
曖昧な言葉は無い。

でも「任せる」って表現自体はあるんだね。

でもその人の感覚すべてに頼るってことになるから、
その人が良い感じにやるかどうかはわからない（笑）。

どうなるかはわからないんだ（笑）。

わからない。
あなたに任せてるから文句も言えなくなる。

マジか。

私に任せたんでしょ？
「私の感覚でやるしかない」ってなるから、
「良い感じに」みたいな
オブラートに包む便利な言葉が無い。

まとめ 「良い感じに」みたいな曖昧な伝え方はない！

- 213 -

あ｜そぶ

第 6 章

46

Relaxing

－ リラックス －

ゆっくり休憩できる場所に行こう。

Let's go somewhere we can relax.

ミニフレーズ
go somewhere
「どこか行く」

めっちゃ疲れてるのになぜかリラックスできない。

I am so tired, but I can't relax for some reason.

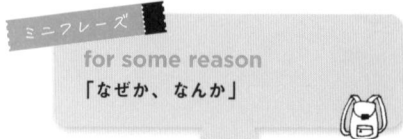

ミニフレーズ
for some reason
「なぜか、なんか」

まったり一日を過ごしたが、何もしてなさすぎて虚しくなった。

I spent the whole day chilling, but it made me sad to think I got nothing done.

ミニフレーズ
chill
「まったりする、ゆっくりする」

そのニュースを突然聞くまで普通の日を過ごしてた。

I was having an ordinary day when suddenly I heard the news.

ミニフレーズ
ordinary day
「普通の日」

その日はもうすることが無かった。

There was nothing more to do that day.

ミニフレーズ
nothing more
「それ以上ない」

ぼーっとしてたから階段から落ちそうになった。

I almost fell down the stairs because I wasn't paying attention.

ミニフレーズ
don't pay attention
「ぼーっとする」

今週末ビーチに行ってリラックスするのはどう?

Why don't we go to the beach this weekend to relax?

ミニフレーズ
why don't we
「〜しない?」

第1章 暮らす

第2章 食べる

第3章 出かける

第4章 しゃべる

第5章 学ぶ・働く

第6章 あそぶ

温かいお茶飲んでから出かけない？

How about a cup of hot tea before heading out?

ミニフレーズ

head out
「出かける」

ベッドでゴロゴロして映画を見るのが好き。

I like to cuddle up in bed and watch movies.

ミニフレーズ

cuddle up
「寄り添う、ゴロゴロする」

今日はソファーから離れたくないから自分の横に
冷蔵庫を移動した。

I don't want to leave the sofa today, so
I moved the refrigerator next to myself.

ミニフレーズ

don't want to leave
「ずっといたい」

47

Planning

― 予定を立てる ―

次空いてる週末いつ？

When is the next weekend you're free?

ミニフレーズ

free
「空いてる、暇である」

週末、ご両親に会いに行くの？

Are you going to visit your parents on the weekend?

ミニフレーズ

on the weekend
「週末に」

今夜泊まっていっても良い？

Can I crash on your couch tonight?

ミニフレーズ

crash on your couch
「（一時的に）泊まる」

第1章 ― 暮らす
第2章 ― 食べる
第3章 ― 出かける
第4章 ― しゃべる
第5章 ― 学ぶ働く
第6章 ― あそぶ

昨日彼にドタキャンされたから2度と会わない。

He bailed on me yesterday, so I'm never seeing him again.

ミニフレーズ
bail on
「ドタキャンする」

週末にできること何か考えて。

Can you think of something we can do on the weekend?

ミニフレーズ
think of something
「何か考える」

近所のリニューアルしたお店に行きたい。

I want to go to the shop that reopened in our neighborhood.

ミニフレーズ
reopened
「リニューアルした」

せっかくの楽しみが仕事で潰れた。

The plans I was looking forward to were ruined by work.

ミニフレーズ
look forward to
「〜を楽しみにする」

この週末、結構忙しかったな〜。やることたくさんあった。

It's been a little crazy this weekend. I had so much to do.

ミニフレーズ
it's been crazy
「ずっと忙しい」

予約の日程を間違えて大失敗してしまった。

I totally screwed up and got the day for the reservation wrong.

ミニフレーズ
screw up
「大失敗する」

予約時間に間に合うように急いで向かったら、
日にちを間違えてた。

We rushed to be on time for our reservation, only to find out that it was the wrong day.

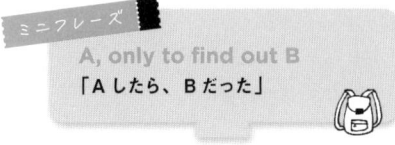

ミニフレーズ
A, only to find out B
「A したら、B だった」

第1章 暮らす
第2章 食べる
第3章 出かける
第4章 しゃべる
第5章 学ぶ・働く
第6章 あそぶ

games
— ゲーム —

このゲームどうやってやるのかわからず
説明書も全然わからない。

I don't know how I'm supposed to play this game.
I am struggling to understand the instructions.

> ミニフレーズ
> **struggle to**
> 「〜することに苦戦する」

このゲームに私の勝ち目は無かった。

There was no chance for me to win the game.

> ミニフレーズ
> **there is no chance**
> 「可能性が無い」

昨日ゲームで徹夜したが、
全然クリアできなくて萎えた。

I pulled an all-nighter doing video
games yesterday, but was turned off
when I couldn't complete it.

> ミニフレーズ
> **turn off**
> 「萎える」

そのスマホゲームは広告と違いすぎる。

The game on the phone was very different from the ads.

ミニフレーズ

ad (=advertisement)
「広告」

昨日の続きから始めてこのゲームを終わらせよう。

Let's finish what we started yesterday, and beat this game.

ミニフレーズ

finish what we started
「始めたことを終わらせる」

久しぶりに昔のゲーム機で遊ぼうとしたが、
電源を入れられなかった。

I tried to play with my old game machine, but it exploded
when I turned it on.

ミニフレーズ

explode
「爆発する」

最善を尽くしたけど、大会で勝てなかった。

I tried my best, but I couldn't win the competition.

ミニフレーズ

try ~ best
「最善を尽くす」

第1章 — 暮らす

第2章 — 食べる

第3章 — 出かける

第4章 — しゃべる

第5章 — 学ぶ・働く

第6章 — あそぶ

このゲームで4歳児にボロ負けするなんてあり得ない。

There is no way I just lost this video game to a four year old.

ミニフレーズ

lose to
「〜に負ける」

今回はいとこに勝たせてあげたほうが良いよ。
彼をずっと泣かせることになってしまうから。

You had better let your cousin win this time.
You make him cry all the time.

ミニフレーズ

had better
「〜するべきだ」

明日の試合に集中しないといけないのに
ボードゲームが楽しすぎてやめられない。

I have to put my head in the game I have tomorrow.
But I'm hooked on this board game and can't stop playing.

ミニフレーズ

put my head in
「〜に集中する」

49

Sports

― スポーツ ―

なんでスポーツってこんなに感動するんだろう。
試合を見ると必ず涙が出てしまう。

I wonder why sports can be so moving.
I end up in tears whenever I see a game.

ミニフレーズ
moving
「感動する」

もうすぐでチームの一員になれたのに、
キャプテンがあなたの態度を気に入らなかったって。

You were so close to making the team, but the captain didn't like your attitude.

ミニフレーズ
make the team
「チームに選ばれる」

スポーツは見る専門だから、もう野球に誘わないで。

I only like watching sports, so don't ask me to play baseball again.

ミニフレーズ
only like -ing
「〜が専門」

第1章 暮らす

第2章 食べる

第3章 出かける

第4章 しゃべる

第5章 学ぶ・働く

第6章 あそぶ

スポーツのルールが変わりすぎて混乱する。

The rules of sports change so much it confuses me.

ミニフレーズ

confuse

「～を混乱させる」

彼はクラスで一番足が速いんだけど、人気じゃない。

Even though he is the fastest runner in the class, he isn't popular.

ミニフレーズ

the fastest runner

「一番足が速い人」

私たちのチームが勝たなかったの残念だった。
相手はラッキーなだけだった。

It's a bummer our team didn't win.
The other team just got lucky.

ミニフレーズ

bummer

「残念なこと」

初めてテニスをやったら背中を痛めて、
1週間仕事に行けなかった。

I hurt my back trying to play tennis for
the first time, and couldn't go to work
for a week.

ミニフレーズ

back

「背中」

走るより泳ぐほうが得意な気がする。

I think I'm better at swimming than running.

ミニフレーズ

be better at
「〜のほうが得意である」

スタート直後に転んだのに一位になったのは
本当に信じられない。

I really can't believe he got first place, even though he
fell at the start.

ミニフレーズ

get first place
「一位になる」

明日の試合、お気に入りの選手は出ないだろうけど、
楽しんできて。

Have fun going to the game tomorrow, even though your
favorite player isn't playing.

ミニフレーズ

have fun
「〜を楽しんで」

ラグビーの試合が気になって仕事に集中できない。

I can't concentrate on my job because I want to know
about the rugby game.

ミニフレーズ

want to know about
「〜が気になる、知りたい」

第1章 — 暮らす

第2章 — 食べる

第3章 — 出かける

第4章 — しゃべる

第5章 — 学ぶ・働く

第6章 — あそぶ

Working Out

— 筋トレ —

トレーニングのしすぎで服が入らなくなった。

I did too much training, and my clothes don't fit anymore.

ミニフレーズ
do training
「トレーニングする」

いつも頭と顔にばかり汗をかくから、
運動後彼氏と出かけられない。

I'm always sweaty on my head and face, so I can't go out
with my boyfriend after I work out.

ミニフレーズ
be sweaty on
「〜に汗をかく」

ジムで筋トレしてたらオナラが出て
気まずくなった。

It was really awkward when I farted
while training at the gym.

ミニフレーズ
fart
「オナラをする」

第1章 暮らす

第2章 食べる

第3章 出かける

第4章 しゃべる

第5章 学ぶ・働く

第6章 あそぶ

長いこと運動していなかったから、おもりを床から
ギリギリのところでしか持ち上げられない。

I haven't been training for so long that I can barely get
the weights off the ground.

ミニフレーズ

barely
「ギリギリ、何とか」

トレーナーに家での運動が足りないと言われた。

My trainer tells me that I haven't been getting enough
exercise at home.

ミニフレーズ

enough exercise
「十分な運動」

疲れすぎて1時間のトレーニングの後は階段も登れない。

I get so tired I can't even climb the stairs after training
for an hour.

ミニフレーズ

climb the stairs
「階段を登る」

ちゃんと時間を測ってる?
もうこれ1時間くらいやってる気がするんだけど。

Are you keeping track of time?
I think I've been doing this for an hour.

ミニフレーズ

keep track of
「〜を測る、計測する」

山道を走り抜けたら膝が笑って歩けない。

I can't walk because my legs feel like jelly after running through the mountains.

ミニフレーズ

legs feel like jelly
「膝が笑ってる」

ダイエットのために走ったら汗で体が冷えて風邪をひいたから一生やらない。

I was running because I was on a diet, but I caught a cold after all the sweat. So I'm never running again.

ミニフレーズ

catch a cold
「風邪をひく」

51

Bugs

－ 虫 －

死んでいると思った虫が生きててびっくりした。

I thought the bug was dead, and it scared me when I found out it wasn't.

> ミニフレーズ
> **bug**
> 「虫」

めちゃキモい虫が背中についていて、叫ぶのがとまらなかった。

A disgusting bug was on my back, and I couldn't stop screaming.

> ミニフレーズ
> **disgusting**
> 「キモい」

もし鳥だったら虫を食べなきゃいけないのか。

If I was a bird, I would have to eat bugs.

> ミニフレーズ
> **if I was**
> 「もしも～だったら」

第1章 暮らす
第2章 食べる
第3章 出かける
第4章 しゃべる
第5章 学ぶ働く
第6章 あそぶ

蚊に好かれてるから夏は嫌い。

I hate summers because the mosquitos love me.

> ミニフレーズ
>
> **mosquito**
> 「蚊」

なぜかずっとクモが怖い。

For some reason, I have always been scared of spiders.

> ミニフレーズ
>
> **be scared of**
> 「〜が怖い」

壁にゴキブリがいることに気づいてビビった。

I was freaked out when I saw a cockroach on the wall.

> ミニフレーズ
>
> **freak out**
> 「ビビる、怖がる」

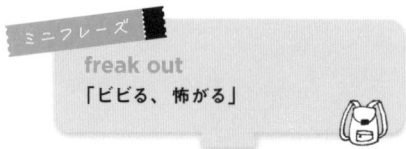

気づいたらリビングの床に毛虫がいて、
びっくりして死ぬかと思った。

I was scared to death when I noticed a caterpillar on the living room floor.

> ミニフレーズ
>
> **scared to death**
> 「びっくりして死ぬかと思う、死ぬほど怖い」

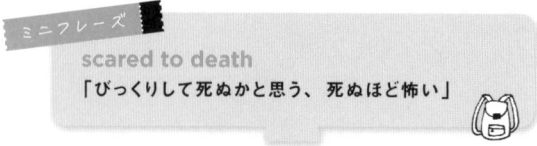

52

Music

－ 音楽 －

その曲もう一回流してくれる？　めっちゃ気に入った！

Can you play that song again? I really like it.

> ミニフレーズ
> play ~ song
> 「～の曲を流す」

知らぬ間にイヤホンの音量が上がってて爆音に驚いた。

I accidentally turned up the volume of my earphones and scared myself.

> ミニフレーズ
> turn up the volume
> 「音量を上げる」

誰が何言っても構わない、私はこの曲が好き。

I don't care what anybody says. I like this song.

> ミニフレーズ
> I don't care
> 「～を構わない、気にしない」

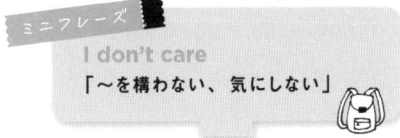

第1章 暮らす 🏠
第2章 食べる 🍴
第3章 出かける 👟
第4章 しゃべる 💬
第5章 学ぶ・働く ✏️
第6章 あそぶ 🎮

ちょっとカラオケ行こうよ。最近新しい曲練習してるの。

I'm down for some karaoke.
I've been practicing some new songs.

ミニフレーズ
down for
「〜の気分だ」

めっちゃ歌上手いじゃん！　もっと歌うべきだよ。

You are amazing at singing! You should do it more.

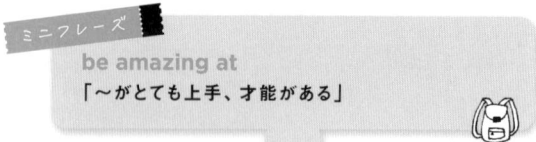

ミニフレーズ
be amazing at
「〜がとても上手、才能がある」

子どもの頃褒められすぎて、
自分は歌が上手いと思い込んでいたが違った。

I was praised so much as a child I thought I was a good
singer, but I wasn't.

ミニフレーズ
be praised
「褒められる」

やってみるけど、本当に歌は上手くないよ。

I'll give it a go, but I'm not really a good singer.

ミニフレーズ
give it a go
「やってみる」

歌う練習はしてるけど、まだ下手なの。

I have been practicing singing, but I'm still horrible at it.

ミニフレーズ

be horrible at
「〜が下手である」

コンサートに遅れてたが何とか間に合った。

We were running late to the concert but somehow made it.

ミニフレーズ

somehow
「なんとか」

死ぬほどそのコンサートに行きたかったけど、
チケットが取れなかった。

I was dying to see that concert, but I couldn't get the tickets.

ミニフレーズ

be dying to
「死ぬほど〜したい」

推しにかけた金額を計算してはいけない。

You should never calculate how much you spent on your bias.

ミニフレーズ

bias
「推し」

第1章 — 暮らす

第2章 — 食べる

第3章 — 出かける

第4章 — しゃべる

第5章 — 学ぶ・働く

第6章 — あそぶ

バイオリンを始めたのは何歳のとき？

How old were you when you started playing the violin?

ミニフレーズ

how old were you when
「〜したのは何歳のとき？」

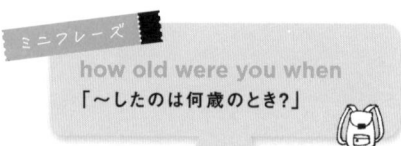

ピアノなんて一生弾けるようにならない。

I will never be able to play the piano.

ミニフレーズ

will never be able to
「一生〜できない」

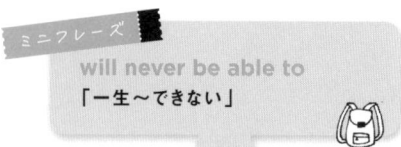

久しぶりにピアノ弾いたら指がつった。

I got a cramp playing the piano after not having played in a long time.

ミニフレーズ

get a cramp
「体の一部をつる、体の一部が痛む」

53

Videos

－ 動画 －

なんで今こんな動画見てるの？　バズったの何年も前だよ。

Why do you watch these videos now?
They went viral many years ago.

ミニフレーズ
go viral
「バズる」

ネットで動画を見すぎて速度制限がかかった。

I watched so many videos on my phone that I reached the data limit.

ミニフレーズ
reach the data limit
「速度制限がかかる」

断れない会社の飲み会の日に限って、
推しがライブ配信を始めた。

My bias had to go on a live stream on the day I had to attend the company party.

ミニフレーズ
live stream
「生配信」

第1章　暮らす 🏠
第2章　食べる 🍴
第3章　出かける 👟
第4章　しゃべる 💬
第5章　学ぶ・働く ✏️
第6章　あそぶ 🧸

あのインフルエンサー、ちょっとしたことで大炎上しちゃった。

That influencer got a lot of backlash for something so small.

ミニフレーズ

get backlash
「炎上する」

彼女に YouTube の検索履歴の「靴紐 結び方」を見られ、恥ずかしかった。

It was embarrassing when my girlfriend found in my YouTube history a video about how to tie shoelaces.

ミニフレーズ

(Internet) history
「ネット履歴」

なんで ASMR 動画って
こんなに満足感があるんだろう。

Why are ASMR videos so satisfying?

ミニフレーズ

satisfying
「満足感がある」

何度も見てるけどいい加減飽きないの？

Do you not get tired of watching that after so many times?

ミニフレーズ

get tired of
「〜に飽きる」

このドラマ見終わるのに時間かかりすぎ。

You are taking forever to finish watching this series.

ミニフレーズ

take forever
「時間がかかりすぎる」

今日は早く寝ないといけないってわかってるけど、
どうしてもこの番組が見たい。

I know I need to go to bed early tonight, but I really want to watch this show.

ミニフレーズ

show
「番組」

ちょっとそれ右にずらしてくれる？　テレビが見えなくて。

Can you move that slightly more to the right?
I can't see the TV.

ミニフレーズ

move to the right
「〜を右に移動させる」

その番組は去年放送されてたから、みんな結末知ってるんだよ。

That show aired last year, that's why everybody knows the ending.

ミニフレーズ

air
「放送される」

第1章　暮らす

第2章　食べる

第3章　出かける

第4章　しゃべる

第5章　学ぶ・働く

第6章　あそぶ

テレビのリモコンを独り占めしないで。

Stop hogging the remote for the TV.

ミニフレーズ

hog
「〜を独り占めする」

ドラマは一晩で全話見れるのに、本は一章も進まない。

I can watch an entire TV series in one night, but I can't finish reading one chapter of a book.

ミニフレーズ

in one night
「一晩で」

ハマってたドラマが打ち切りになってしまった。

My favorite TV show got canceled.

ミニフレーズ

get canceled
「打ち切られる」

韓国ドラマにドハマりしてる。本当に面白い。

I got hooked on Korean TV shows. They are so intriguing.

ミニフレーズ

get hooked on
「〜にどハマりする」

54

Movies

－ 映画 －

映画館で飲み物を飲みすぎて、
大事なところでトイレに行きたくなった。

I had too many beverages at the movies and ended up
having to go to the bathroom during an important scene.

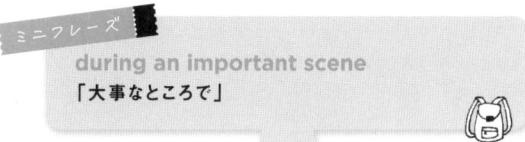

ミニフレーズ
during an important scene
「大事なところで」

3回もその映画を見てたから泣くと思わなかった。

I didn't think I would cry because I had already seen the
movie three times.

ミニフレーズ
I don't think I would
「〜するなんて思わない」

映画館限定の飲み物が美味しすぎて
上映中に3回もおかわりした。

The limited drink at the movies was so good that I went
to refill 3 times during the movie.

ミニフレーズ
refill
「おかわりする」

第1章 ― 暮らす

第2章 ― 食べる

第3章 ― 出かける

第4章 ― しゃべる

第5章 ― 学ぶ・働く

第6章 ― あそぶ

その映画は物議を醸していたけど、私は個人的に好きだった。

That movie was very controversial, but I personally liked it.

ミニフレーズ

controversial
「物議を醸している」

映画を見る時間より選ぶ時間のほうが長くなってしまった。

It took more time to choose a movie than to watch one.

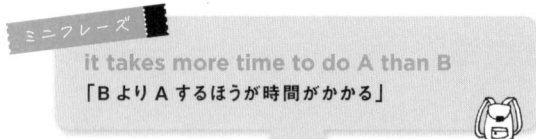

ミニフレーズ

it takes more time to do A than B
「BよりAするほうが時間がかかる」

あの映画楽しみにしてたけど、すごくしょぼかったね。

The movie we were excited for was pretty lame.

ミニフレーズ

lame
「しょぼい、ダサい」

映画館で間違えて
隣の人のポップコーンを食べちゃった。

I ate the popcorn from the person next to me at the movies by mistake.

ミニフレーズ

by mistake
「間違えて」

映画が始まって5分で寝てしまい、
主人公もわからず終わってしまった。

I fell asleep five minutes after the movie started, and I
ended up not knowing who the main character was.

ミニフレーズ
main character
「主人公」

前も言ったけど、この映画本当に良いからみんな見て欲しい。

Like I said, this movie is amazing, and everyone should
watch it.

ミニフレーズ
like I said
「前も言ったけど」

英語の勉強のため字幕無しで見たら全然理解できなかった。

I tried to watch a movie without subtitles to study
English, but I couldn't understand a thing.

ミニフレーズ
can't understand a thing
「何もわからない」

忘れ物をして映画に間に合わなかった。

I couldn't make it to the movies because I forgot
something.

ミニフレーズ
forget something
「忘れ物をする」

第1章 暮らす

第2章 食べる

第3章 出かける

第4章 しゃべる

第5章 学ぶ・働く

第6章 あそぶ

Theme Park

－ テーマパーク －

テーマパークに行くの、晴れる日曜日にしない？

Perhaps we should go to the theme park on Sunday, when it's sunny.

ミニフレーズ

perhaps we should
「〜するのはどう？」

なんでみんな叫んでるの？
何が起きてるかわからないんだけど。

Why is everyone shouting?
I don't understand what's going on.

ミニフレーズ

what's going on
「何が起きているか」

高所恐怖症なの？
スカイダイビングの予約入れちゃったよ。

Are you scared of heights?
I already made a reservation for skydiving.

ミニフレーズ

scared of heights
「高所恐怖症」

無理やり乗り物に乗せないで、高所恐怖症なの。

Don't force me to go on the ride. I'm afraid of heights.

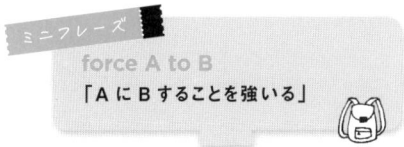

ミニフレーズ
force A to B
「A に B することを強いる」

初めてジェットコースターに乗ったら気持ち悪い。

It was my first time riding a rollercoaster, and now I feel sick.

ミニフレーズ
rollercoaster
「ジェットコースター」

乗り物酔いするのに絶叫系遊園地に行ってしまった。

I went to an amusement park with mostly thrill rides, even though I get motion sickness.

ミニフレーズ
motion sickness
「乗り物酔い」

ウォーターパークに水着を持って行き忘れたから、
とても高いのを買わされた。

I forgot to bring my swimsuit to the water park, and I had to buy really expensive ones.

ミニフレーズ
swimsuit
「水着」

Themes Park

団体グループが私たちより後に来たのに
列に横入りできるのはずるい。

It's not fair that group gets to cut the line, even though they came after us.

ミニフレーズ
not fair
「ずるい」

あの乗り物に乗ってちょっと酔ったからもう帰りたい。

I feel a little dizzy after going on that ride. And now I want to go home.

ミニフレーズ
dizzy
「目が回る、酔う」

そのショーはすごく面白かったけど、先週終わっちゃった。

The show was very entertaining, but it ended last week.

ミニフレーズ
entertaining
「面白い」

テーマパークが混みすぎていてお昼ご飯を食べる席も
見つからない。

The theme park is crowded today so we can't even find a seat to have lunch.

ミニフレーズ
can't even
「〜さえできない」

テーマパークより動物園に行きたいって、
チケット代のことを心配してるの？

You would rather go to the zoo than the theme park.
Are you worried about the ticket fees?

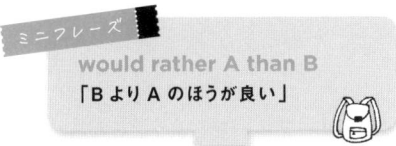

ミニフレーズ
would rather A than B
「B より A のほうが良い」

もう家に帰るのでいいの？　まだパレード見てないよ？

Is going home alright with you?
We haven't seen the parade yet.

ミニフレーズ
is ～ alright with you?
「～しても大丈夫?」

彼はテーマパークへ出かけて行ったが、閉館日だった。

He tried visiting the theme park, but it was closed today.

ミニフレーズ
try visiting
「～に行く」

そのお祭りには毎年行ってるけどいつも雨降るの。
だから丸一日楽しめたことがない。

We go to that festival annually, but it always rains.
We never get to enjoy the whole day.

ミニフレーズ
annually
「毎年」

第1章 暮らす
第2章 食べる
第3章 出かける
第4章 しゃべる
第5章 学ぶ・働く
第6章 あそぶ

56

Party

― パーティー ―

サプライズで友達の誕生日パーティーをしようとしたら、
日にちが違った。

I tried to do a surprise birthday party for my friend, but I got the date wrong.

> ミニフレーズ
> **get the date wrong**
> 「日付を間違える」

結婚式に何着て行けば良いか全くわからない。

I have no idea what to wear to the wedding.

> ミニフレーズ
> **what to wear**
> 「何を着るべきか」

そのハロウィンの衣装最高。
どこで見つけたの？

Your Halloween outfit looks amazing.
Where did you find it?

> ミニフレーズ
> **outfit**
> 「衣装、服装」

パーティーに行くかまだ決めかねてる。

I'm sitting on the fence about going to the party or not.

ミニフレーズ
sit on the fence
「決めかねている」

まさに、みんなでケーキを食べようとしたら
消費期限が切れていた。

We were about to eat the cake, but it was past the expiration date.

ミニフレーズ
expiration date
「消費期限」

ベイビーシャワーに来れなくて残念だったね。

It's a shame she couldn't make it to the baby shower.

ミニフレーズ
it's a shame
「〜は残念である」

みんなでケーキを食べようとしたら
みんな病気で来れなくなり1人で寂しく食べた。

We were going to eat the cake together, but everyone got sick. So I had to eat it all alone.

ミニフレーズ
get sick
「病気になる」

第1章 暮らす

第2章 食べる

第3章 出かける

第4章 しゃべる

第5章 学ぶ 働く

第6章 あそぶ

最後にクラブに行ったのがいつだか覚えてない。

I can't remember the last time I went to a club.

ミニフレーズ

the last time
「最後に〜したとき」

大人数のパーティに行くのは疲れるし、陰キャには辛い。

Big parties are draining, and suck for introverts.

ミニフレーズ

draining
「疲れる」

夜中の2時以降パーティーするとロクなことにならない。

Nothing good happens after two a.m. at a party.

ミニフレーズ

nothing good
「良いことは何もない」

57

Pets

－ ペット －

犬の面倒を見るのはあなたの責任です。

Taking care of the dog is your responsibility.

ミニフレーズ

take care of
「〜の面倒を見る」

私すぐ帰ろうと思う、犬にエサをあげないとだから。

I think I'll be heading back soon because I have to feed the dogs.

ミニフレーズ

feed
「〜にエサをあげる」

なぜかわからないけど弟と犬の名前を混同してしまう。

For some reason I get my brother and dog's name mixed up.

ミニフレーズ

mix up
「〜を混同する」

第1章 暮らす

第2章 食べる

第3章 出かける

第4章 しゃべる

第5章 学ぶ働く

第6章 あそぶ

友達の猫に懐かれたけどアレルギーで辛かった。

My friend's cat was so friendly,
but I had a hard time because I was allergic.

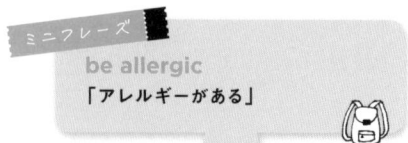

ミニフレーズ

be allergic
「アレルギーがある」

もっと飼い犬と時間を過ごしたい。

I want to spend more time with my
dog.

ミニフレーズ

spend time with
「〜と過ごす」

朝起きたら知らない野良猫が横で寝てて混乱した。

I was confused when I woke up with a stray cat I didn't
know sleeping next to me.

ミニフレーズ

be confused
「混乱する」

犬をお風呂に入れないと。本当に汚い。

My dog needs a bath. He looks nasty.

ミニフレーズ

nasty
「汚い」

今日は猫の面倒を見ないといけないの、両親が旅行に行くから。

I need to look after my cat today because my parents are going on a trip.

ミニフレーズ

look after
「〜の面倒を見る」

みんなに内緒で犬を飼ってたけど毎日吠えるから
バレてしまった。

I was hiding the fact that I got a dog, but I got found out because the dog kept barking every day.

ミニフレーズ

hide the fact
「内緒にする」

幼少期に馬を飼ってたから馬刺しなんて食べられない。

I can't eat horse sashimi because I owned a horse when I was young.

ミニフレーズ

own
「〜を飼う、持つ」

これからは誰が植物に水をやるか決めないとだね。

From now on I think we should make sure who waters the plants.

ミニフレーズ

from now on
「これからは」

第1章 暮らす

第2章 食べる

第3章 出かける

第4章 しゃべる

第5章 学ぶ・働く

第6章 あそぶ

これ意味わかる？
Has the cat got your tongue?

ベロの中に猫いるの？（笑）
どういう状況？
ベロ痛い！って猫に引っかかれてるとかそういう感じ？

全然違うんだけど、言葉につまったり、
どもったりすると、よく使う。

は？　どういう状況？
意味わからないんだけど。

質問されてどもったりすると、
Has the cat got your tongue?って言われる。

解説聞いても意味不明だわ（笑）。

Kill two birds with one stone.はどう？

一石二鳥だ！

So!

これはわかったぞ！
日本語と一緒だ。結構使う？

たまに？

あんま使わねぇじゃねぇか（笑）。

だって慣用句ってあんまり使わないでしょ！

一石二鳥って毎日使うじゃんか！

毎日使わないよ！（笑）

まとめ　意味が同じ慣用句もあるが、わからないものが多い！

ブックデザイン／松山千尋（AKICHI）
イラスト／カラシソエル
校正／BROOKE McSHANE LATHRAM－ABE、
　　　文字工房燦光、中久喜 泉
DTP／フォレスト
音声収録／ELEC
編集担当／武田惣人

Kay & ZooKatsu

日英バイリンガルのKayと日本育ちのZooKatsuによる2人組英語YouTuber。登録者数は約22万人（2024年3月時点）。Kayはアメリカ・コロラド州生まれ。11年間アメリカで生活。上智大学外国語学部卒業。英語コーチングのプログラム監修や発音指導も手掛ける。ZooKatsuは長野県出身。大学院まで生物学を研究。民間企業に勤めるが、Kayと出会いYouTuberに転身。純日本人の視点から、Kayと日本語・英語の面白さや日米の文化の違いをSNS上で発信している。

くだらない日常もネイティブみたいに話せちゃう

細かすぎる英会話フレーズ

2024年4月23日　初版発行

著者／Kay & ZooKatsu

発行者／山下　直久

発行／株式会社KADOKAWA
〒102-8177　東京都千代田区富士見2-13-3
電話　0570-002-301(ナビダイヤル)

印刷所／株式会社リーブルテック

製本所／株式会社リーブルテック